Bestanden wird im Kopf!®

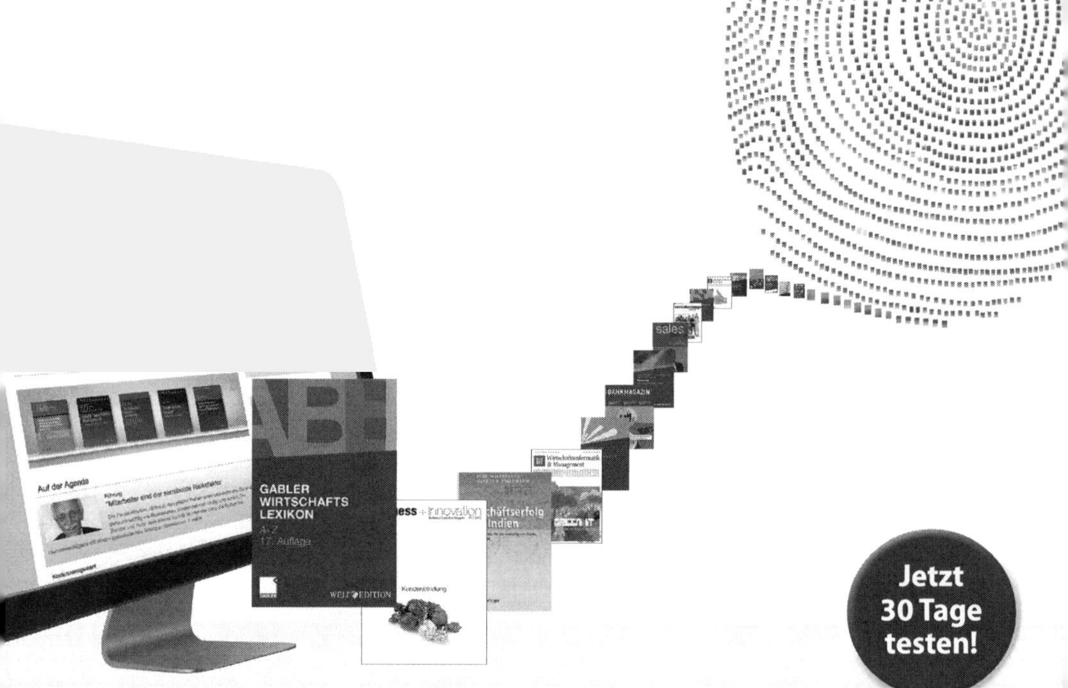

Gaby Mortan • Florian Mortan

Bestanden wird im Kopf!®

Von Spitzensportlern lernen und jede
Prüfung erfolgreich bestehen

2., überarbeitete und aktualisierte Auflage

 Springer Gabler

Gaby Mortan
Hohenahr, Deutschland

Florian Mortan
Biarritz, Frankreich

ISBN 978-3-658-00013-4

Die Deutsche Nationalbibliothek verzeichnet diese Publikation in der Deutschen National-
bibliografie; detaillierte bibliografische Daten sind im Internet über http://dnb.d-nb.de
abrufbar.

Springer Gabler
© Springer Fachmedien Wiesbaden 2009, 2013

Lektorat: Irene Buttkus

Gedruckt auf säurefreiem und chlorfrei gebleichtem Papier

Springer Gabler ist eine Marke von Springer DE. Springer DE ist Teil der Fachverlagsgruppe
Springer Science+Business Media
www.springer-gabler.de

∎ Vorwort ∎

Strategien von Spitzensportlern helfen nicht nur bei Prüfungen, sondern sie lassen Menschen auch schier Unmögliches bewältigen. Dies beschreibt wohl niemand besser als Hartwig Gauder.

Hartwig Gauder ist einer der erfolgreichsten Leichtathleten der Welt, Olympiasieger im 50-km-Gehen, Weltcupsieger, Europa- und Weltmeister. Im Jahre 1997 musste nach einer Infektion sein Herz transplantiert werden. In seinem Buch „Zwei Leben, drei Herzen – Vom Olymp zum heiligen Berg" schreibt er:

„Eine Krise ist immer Ausdruck und Folge von Veränderungen. Sie kann zweierlei bedeuten – Gefahr oder Chance. Ich wollte die Chance und nahm den Kampf auf, indem ich zunächst Eigenschaften und Verhaltensmuster, die mir zu meinen sportlichen Erfolgen verholfen hatten, auf meine aktuelle Lebenssituation übertrug. Also, sagte ich mir, akzeptiere die veränderte Situation und nimm die Herausforderung an. Setz dir Ziele, selbst wenn diese kaum realisierbar erscheinen. Konzentrier dich auf deine Stärken. Bewahre auch in scheinbar ausweglosen Momenten einen kühlen Kopf. Bleib optimistisch, behalte deinen Humor, versuche dich fit zu halten."[1]

Hartwig Gauder schaffte das schier Unmögliche und ging noch darüber hinaus – Ende 1998 nahm er mit seinem transplantierten Herzen am New York Marathon teil. 2003 bestieg er als erster Mensch mit einem transplantierten Herzen den Berg Fuji-san in Japan. Über sein Grußwort für unser Buch freuen wir uns sehr.

Hohensolms/Biarritz,   Dr. Gaby Mortan
im Frühjahr 2013   Florian Mortan

---

[1] Gauder, Hartwig: Zwei Leben, drei Herzen – Vom Olymp zum heiligen Berg, S. 12

Geleitwort
von Hartwig Gauder

Eigenverantwortung ist nicht ersetzbar. Es ist mein Leben, für das ich – von Kindheit und fortgeschrittenem Alter mit diversen Erkrankungen abgesehen – geradezustehen habe. „Was will ich?" „Was ist mein Lebensziel?", bleiben unsere zentralen Lebensfragen. Selten ist der Weg eindeutig und gerade, Umwege bleiben nicht aus.

Wir haben permanent kleine und gelegentlich auch große Prüfungen zu meistern. Sie sind Maßstäbe, ob wir unserem Ziel ein Stück näher gekommen sind. Nicht wenige haben große Sorge, diese Prüfungen entsprechend eigener Erwartungen auch tatsächlich meistern zu können. Misslingt das Ganze, besteht schnell die Gefahr, sich als Opfer der unglücklichen Umstände zu betrachten. Vielleicht bequem, aber nie zielführend!

Als Opfer gehe ich negativ an die Ursachen heran, verstelle mir den Blick auf das, was zu ändern ist. Ich vergeude meine Kraft in Wut und Enttäuschung anstelle der Lösungssuche. Positive Emotionen, ein Kraftquell des Erfolges, entstehen aber aus Erkenntnissen und dem bewussten Ändern bis dahin nicht erfolgreicher Verhaltensweisen. Nicht ein uneinsichtiger Prüfer ist Schuld an meinem Versagen, sondern meine fehlende Kompetenz, seine Fragen befriedigend beantwortet zu haben. Wer sich dessen bewusst wird, braucht nicht mehr zu jammern, sondern konzentriert sich auf den Weg, zukünftig erfolgreich zu sein! Aus Niederlagen gestärkt hervorzugehen ist die Option der Stunde! Das zeigt das Leben von mir in ganz besonderer Breite. Nicht resignieren, sondern den eigenen Weg zum Erfolg – und seien die Umwege noch so groß – suchen.

„Bestanden wird im Kopf!" soll ihnen helfen, Ihre Entscheidung für Ihren selbst gewählten Studienweg erfolgreich umzusetzen. Die im Buch vermittelten Techniken werden Ihnen helfen, eigenverantwortlich und effektiv Ihren persönlichen Weg zu gehen, um zu Ihrem Ziel zu gelangen. Akzeptieren Sie vorbehaltlos Ihre Selbstverantwortung. Sie mehren mit jedem kleinen Erfolg ihr persönliches Glück. Sie können es!

Jena, im Frühjahr 2013   Hartwig Gauder

Danksagung

Muhammad Ali sagte einmal, obwohl er derjenige sei, der im Ring stehe, könne er nur als Teil eines Teams gewinnen.

Wir können das nur bestätigen, denn *Bestanden wird im Kopf!* wäre nicht das, was es ist, ohne die Hilfe von drei wundervollen Frauen.

Deswegen möchten wir uns an dieser Stelle bei diesen Frauen bedanken:

Frau Christine Proske von ARIADNE – für die Chance und das Vertrauen,

Frau Kathrin Nord – für die tollen Ideen und die vielen Stunden des Überarbeitens,

und schließlich Frau Irene Buttkus von Springer Gabler – für ihr Engagement, ihre Kreativität und ihre schier endlose Ausdauer.

Vielen Dank!

Gaby Mortan und Florian Mortan

█ Inhaltsverzeichnis █

Vorwort _____ 5

Geleitwort _____ 7

Danksagung _____ 9

Eine Prüfung ist nicht nur ein Test _____ 19

   Prüfungsstress – Sie sind nicht allein! _____ 22

   Von Spitzensportlern lernen _____ 24

      Muhammad Ali _____ 26

      Britta Heidemann _____ 27

      Vitali & Wladimir Klitschko _____ 27

      Jürgen Klopp _____ 28

      Michael Phelps _____ 28

      Dirk Nowitzki _____ 28

      Kelly Slater _____ 29

      Sebastian Vettel _____ 29

      Serena & Venus Williams _____ 30

      Katarina Witt _____ 31

      Ein hervorragendes Beispiel: Mentales Training des
      erfolgreichsten Olympioniken aller Zeiten –
      Michael Phelps _____ 31

   Aus unserem Seminaralltag _____ 33

Bestanden wird im Kopf! – das Konzept _____ 34

Zum Umgang mit diesem Buch _____ 38

Strategie I: Die Erkenntnis _____ **39**

Eigenverantwortung – Die Basis des Erfolgs _____ 39

Körper und Geist – Was Sie über sich wissen müssen __ 40

Bewusstsein und Unterbewusstsein _____ 41

Funktionsschema Mensch _____ 42

Entstehung von Verhaltensmustern _____ 46

Unsere „Schubladen" _____ 46

Aus unserem Seminaralltag _____ 48

Die Ursachen der Angst _____ 50

Die Entstehung von Stress – Was ist Stress überhaupt? __ 51

Gesundheitsrisiko Stress _____ 53

Informationsflut und Leistungsdruck _____ 54

Gefahrenquelle Reizüberflutung _____ 54

Äußere und innere Stressquellen _____ 55

Angst – ein Teufelskreis _____ 56

Aus unserem Seminaralltag _____ 57

Persönliches Stressmanagement:
die praktische Umsetzung _____ 58

Stressmanagement: Wie Spitzensportler mit Stress
umgehen _____ 59

Stressquellen-Analyse _____ 60

Ihr Einflussbereich – Handeln statt Jammern _____ 62

Wie Sportler ihren Einflussbereich nutzen _____ 65

Bodenpunkte versus Standpunkte _____ 66

Standpunkte _____ 66

Bodenpunkte _____ 66

Der perfekte Umgang mit Boden- und Standpunkten __ 67

In der Ruhe liegt die Kraft: Entspannen Sie sich _____ 69

Verhaltensänderung – Der optimale Weg zum Ziel _____ 71

Schweinehund und Co. – der Innere Dialog _____ 71

Ihr Innerer Dialog _____ 72

Der „Innere Schweinehund" _____ 72

„Innere Schweinehund"-Argumente _____ 73

Der „Innere Kampfhund"® _____ 74

„Innere Kampfhund"®-Argumente _____ 76

Die STOPP-Technik _____ 80

Die Mut- und Anfeuerungssätze _____ 81

Mentales Training – das Geheimnis der Sieger _____ 83

Aufspüren der negativen Dialoge _____ 86

Strategie II: Die Zielarbeit _____ **91**

Schritt 1: Zieldefinition _____ 94

Schritt 2: Festlegung von Zwischenzielen _____ 97

Schritt 3: Die Wichtigkeit von Belohnungen _____ 98

Schritt 4: Zielvisualisierung _____ 99

Schritt 5: Siegerbild _____ 100

Strategie III: Das Erfolgsbewusstsein _____ **107**

Die Bedeutung des Erfolgsbewusstseins _____ 107

Die eigenen Erfolge bewusst machen _____ 109

Strategie IV: Die Fehleranalyse _____ **115**

Die Einstellungsveränderung _____ 119

Aus unseren Seminaren _____ 121

Schritt 1: Ehrliche Bestandsaufnahme _____ 124

Schritt 2: Umgang mit negativen Emotionen _____ 126

Schritt 3: Selbstdisziplin _____ 127

Strategie V: Der Trainingsplan _____ **133**

Der Lerntrainingsplan _____ 135
　Das Lernen _____ 137

Wichtige Lernhinweise _____ 146
　Die besten Tipps für effektives Lernen _____ 147

Strategie VI: Die Hindernisse _____ **153**

Schritt 1: Die Hindernis-Analyse _____ 157
　Innere Hindernisse _____ 157
　Äußere Hindernisse _____ 159

Schritt 2: Der Hindernis-Handlungsplan _____ 160
　Handlungsplan für innere Hindernisse _____ 160
　Handlungsplan für äußere Hindernisse _____ 163
　Ihr Trainingstagebuch _____ 165

Strategie VII: Das Ziel _____ **169**

Die letzten Stunden vor dem Prüfungstag:
Entspannen Sie sich! _____ 170

Die letzten Minuten vor der Prüfung: Ihr Countdown __ 173

Der entscheidende Moment während der Prüfung:
Ihr Ziel _____ 177

Bestanden wird im Kopf! – Die Strategien im Überblick 185

Strategie I: Die Erkenntnis
Wie Sie das Wissen über Körper und Geist optimal nutzen ___ 185

Strategie II: Die Zielarbeit
Wie Sie Ihr Ziel genau beschreiben _____ 186

Strategie III: Das Erfolgsbewusstsein
Wie Sie die Basis Ihres Erfolges legen _____ 187

Strategie IV: Die Fehleranalyse
Wie Sie optimal aus Ihren Fehlern lernen _____ 188

Strategie V: Der Lerntrainingsplan
Wie Sie das Unternehmen Prüfung erfolgreich angehen _____ 189

Strategie VI: Die Hindernisse
Wie Sie mit künftigen Problemen effektiv umgehen _____ 191

Strategie VII: Das Ziel
Wie Sie Ihre Prüfung erfolgreich bestehen _____ 192

**Entspannungstechniken:
Welche passt am besten zu Ihnen?** _____ **195**

Warmes Bad _____ 197

Sinneswanderung _____ 198

Bewegung an der frischen Luft _____ 198

Entspannungs-CDs _____ 199

Muskelentspannung nach Jacobson _____ 199

Autogenes Training _____ 200

Meditation _____ 200

Yoga _____ 201

Atemübungen _____ 202
    Bewusste Bauchatmung_____ 202
    Stressatmung _____ 203
    Panikatmung _____ 204
    Energieatmung_____ 205

Arbeitsbögen_____ **207**

Arbeitsbogen Nr. 1:
Bestandsaufnahme der eigenen Stressquellen _____ 207

Arbeitsbogen Nr. 2:
Ihre Bodenpunkte-Stressquellen _____ 210

Arbeitsbogen Nr. 3:
Aufspüren des inneren Dialoges _____ 211

Arbeitsbogen Nr. 4:
Entstehung von Verhaltensmustern _____ 214

Arbeitsbogen Nr. 5:
Ihre persönlichen Mut- und Anfeuerungssätze_____ 215

Arbeitsbogen Nr. 6: Ihre Verhaltensänderung_____ 218

Arbeitsbogen Nr. 7: Ihre Zielarbeit _____ 219

Arbeitsbogen Nr. 8: Ihr Erfolgsbewusstsein _____ 223

Arbeitsbogen Nr. 9: Ihre Einstellung_____ 225

Arbeitsbogen Nr. 10: Ihre Fehleranalyse _____ 227

Arbeitsbogen Nr. 11: Ihr Lerntrainingsplan _____ 229

Arbeitsbogen Nr. 12: Ihre Hindernisse_____ 235

Arbeitsbogen Nr. 13: Ihr Trainingstagebuch _____ 237

Arbeitsbogen Nr. 14: Ihre Standpunkt-Stressquellen____ 238

Literaturverzeichnis _____ **241**

Quellen _____ 241

Empfehlungen _____ 242

„Das habe ich schon früher geschafft, das kann ich auch jetzt."
[Muhammad Ali]

Eine Prüfung ist nicht nur ein Test

Je mehr wir lernen und verstehen, desto härter werden
die Prüfungen, die uns auferlegt sind.[2]

[Muhammad Ali]

Sie haben dieses Buch aus einem ganz bestimmten Grund in die Hand genommen:

▶ Vielleicht sind Sie einfach neugierig, Sie wollen wissen, was sich hinter dem Titel verbirgt.

▶ Vielleicht stehen Sie kurz vor einer Prüfung. Sie wollen sich optimal vorbereiten und sind deshalb auf der Suche nach hilfreichen Strategien.

▶ Vielleicht macht Sie jedoch der Gedanke an die bevorstehende Prüfung fix und fertig.

Eines können wir Ihnen jetzt schon versprechen: Ganz gleich, aus welchem Grund Sie dieses Buch zur Hand genommen haben – wir werden Ihnen dazu verhelfen, Ihre Prüfung erfolgreich zu bestehen!

Wenn wir diesen Satz zu Beginn unserer Seminare aussprechen, können wir jedes Mal ein ungläubiges, aber erleichtertes Aufatmen förmlich spüren.

Allein das Wort Prüfung übt auf viele Menschen eine ganze Kette von negativen Gefühlen aus. Warum ist das so? Eine Prüfung ist nicht einfach nur ein Test, in dem Ihr Können abgefragt wird. Nein, eine Prüfung steht für viel mehr! Prüfung bedeutet:

▶ stundenlanges Lernen

▶ immer knapper werdende Zeit

---

[2]   Ali, Muhammad/Ali, Hana Yasmeen: Mit dem Herzen eines Schmetterlings, S. 153

- Bücher wälzen, während der Rest der Welt scheinbar das Leben genießt
- Ihr Wissen wird auf den Punkt genau abgefragt
- das Ende eines Abschnitts

Und wenn die Prüfung nicht gelingt, dann heißt es oft: Noch mal von vorne beginnen!

Nahezu jeder muss im Laufe seines Lebens verschiedene Prüfungen ablegen. Ob in der Schule, in der Ausbildung, für den Führerschein, an der Uni, vielleicht aber auch bei einem Vortrag, einer Rede – Sie müssen Ihr Wissen und Können unter Beweis stellen. Sie stehen also plötzlich auf dem Prüfstand – Ihre Leistung wird begutachtet.

Dies ist eigentlich für jeden Menschen eine unangenehme und aufregende Situation. Sie könnten sich blamieren. Außerdem hängt von einer solchen Herausforderung meistens viel ab. Unter Umständen wird der weitere Werdegang blockiert. Da ist es kein Wunder, dass Sie sich unwohl fühlen und Ängste entwickeln.

Wie schön könnte das Leben ohne Prüfung sein? Wie gut geht es all den Menschen die (m)eine Prüfung nicht absolvieren müssen. Dies sind oft Gedanken von Menschen, die sich in der Vorbereitung auf eine Prüfung befinden.

Die Vorstellung, dass der enorme Lernstoff auch nur annähernd vollständig behalten werden kann, ist absurd. Wer kann so etwas von einem verlangen? Wie soll bei all den Belastungen eine solche Aufgabe überhaupt gelöst werden? Viele sehen sich angesichts eines solchen Anspruchs als hilfloses Opfer und fangen an, mit dem Schicksal zu hadern. Sie jammern, stöhnen und fühlen sich mit jedem Tag schlechter. Lebensfreude kennen diese Prüfungskandidaten überhaupt nicht mehr, denn das wahre Leben beginnt für sie erst wieder nach der Prüfung.

Dann fällt der Blick auf andere Studenten, Mitschüler oder Kollegen und es sieht aus, also ob alle anderen scheinbar mühelos lernen. Sie müssen offensichtlich gar nicht mit so vielen negativen Gefühlen kämpfen. Sie erscheinen viel klüger und erfolgreicher. Kein Wunder, dass einem selber nichts mehr gelingt. Dies ist der Zeitpunkt, an dem die eigene Intelligenz angezweifelt wird. Das Selbstwertgefühl sackt tief in den Keller. Die Selbstbewertung als Versager ist schnell zur Hand, Hilflosigkeit macht sich breit. Das Gefühl, Herr der Situation zu sein, ist verloren gegangen, während die Ausgrenzung vom Rest der Welt neu dazugekommen ist.

Wenn Menschen vor einer Prüfung stehen, lassen sich ganz unterschiedliche Verhaltensweisen beobachten:

▶ Manch einer bereitet sich gut vor. Er nimmt die Prüfung als Herausforderung an und versucht, sein Bestes zu geben.

▶ Andere nehmen die Prüfung nicht richtig ernst. Sie schieben das Lernen immer weiter hinaus und finden tausend Begründungen, warum es sich heute nicht mehr lohnt, damit anzufangen.

▶ Dann gibt es Prüflinge, die planlos lernen. Sie sitzen zwar unzählige Stunden vor den Büchern, aber es bleibt nicht wirklich etwas hängen und der Lernerfolg will sich nicht einstellen.

▶ Bei einigen Prüflingen sieht es allerdings ganz anders aus. Hier löst das Wort Prüfung nicht nur negative Gedanken und Empfindungen aus, sondern diese werden auch noch von körperlichen und psychischen Symptomen wie Herzrasen, Magenkrämpfen, Schlaflosigkeit, Unkonzentriertheit, feuchten Händen und Ähnlichem begleitet. Das Erstaunliche: Die Wenigsten sehen einen direkten Zusammenhang zwischen diesen körperlichen Symptomen und ihrer bevorstehenden Prüfung.

Wenn die körperlichen und psychischen Symptome überhand nehmen, wird von Prüfungsangst gesprochen. Eine systematische Vorbereitung auf die Prüfung ist in einem solchen Fall meist nicht mehr möglich, denn der gesamte Organismus ist in einen dauerhaften Alarmzustand versetzt. Die Betroffenen sind nicht mehr in der Lage, sich sinnvoll zu entspannen, sie fühlen sich krank und elend. Der Gedanke an die bevorstehende Prüfung löst Vernichtungsgefühle aus und lässt ein Bestehen der Prüfung in weite Ferne rücken. Hoffnungslosigkeit und Verzweiflung machen sich breit.

Ganz gleich, zu welcher Gruppe Sie gehören – *Bestanden wird im Kopf!* wird Ihnen helfen, Ihre Prüfung erfolgreich zu bestehen.

Wir zeigen Ihnen, wie Sie

▶ Ihre Motivation steigern,

▶ Ihre Lernorganisation in den Griff bekommen,

▶ Ihre Ruhe auch in schwierigen Situationen bewahren,

▶ Ihre Höchstleistungen punktgenau abrufen können.

Bestanden wird im Kopf! wendet sich also an alle, die ihre Leistungen in Prüfungssituationen verbessern und die Herausforderung Prüfung locker und effektiv angehen wollen.

Zur besseren Lesbarkeit wird im weiteren Verlauf des Textes die männliche Form genutzt. Weibliche Leser sind damit ausdrücklich einbezogen.

Prüfungsstress – Sie sind nicht allein!

Schon seit vielen Jahren beschäftigen wir uns professionell mit den Themen Stress, Angst und Herausforderungen. Im Laufe dieser Zeit konnten wir ein hochwirksames Konzept entwickeln, dass jedem helfen kann, bewusst, gelassen und optimal mit Herausforderungen jeglicher Art umzugehen. Wir arbeiten dabei mit den unterschiedlichsten Bildungseinrichtungen, Firmen und Sportmannschaften zusammen, und dies mit großem Erfolg. In unseren Seminaren können wir die faszinierende Wirksamkeit immer wieder feststellen.

So schrieb uns Claudia, eine Seminarteilnehmerin:

> Ich wollte mich noch einmal für den Prüfungsangstkurs bedanken. Es
> ist nicht übertrieben zu sagen, dass der Kurs mein Leben verändert
> und erleichtert hat. Ich gehe nun richtig gerne zur Uni und habe
> Freude am Lernen. Auch mit der Zeiteinteilung habe ich dank des
> Zeitplans kaum noch Probleme. Verlässt mich doch mal der Mut,
> sage ich natürlich „Stopp!" und sehe nochmals die Unterlagen aus
> dem Kurs durch. Seit dem Kurs habe ich jede Prüfung bestanden!

Als Claudia unseren Kurs besuchte, war sie zunächst eine verschüchterte und verängstigte Medizinstudentin, die an sich und ihren Fähigkeiten zweifelte. Die unzähligen Prüfungen, die ein Medizinstudium mit sich bringt, erschienen ihr wie ein unbezwingbarer Berg. Jegliche Lebensfreude war ihr abhanden gekommen, ihr Selbstwertgefühl war zerstört.

In unseren Seminaren begegnet uns eine Vielzahl der unterschiedlichsten Prüfungsangst-Symptome, denn Prüfungsangst wirkt sich bei jedem Menschen anders aus. Bei manchen machen sich die Beschwerden körperlich bemerkbar. Wie zum Beispiel bei Tim, einem anderen Medizinstudenten. Er litt vor jeder Prüfung an starkem Durchfall, so dass er nicht in der Lage war, überhaupt zur Prüfung zu erscheinen.

Steffan (Lehramtsstudent) wurde von extremer Schlaflosigkeit geplagt. Dies hatte zur Folge, dass er vollkommen ausgelaugt war und sich nicht mehr konzentrieren konnte.

Anna (Tiermedizin) hatte einen schlimmen und juckenden Hautausschlag. Madeleine (Sozialpädagogik) wurde von Migräne gequält.

Manche Teilnehmer erfahren Prüfungsangst eher psychisch. Lola, eine Studentin aus Kamerun, machte die Angst vor der Prüfung sehr aggressiv. Diese Aggressivität blockierte sie vollkommen. Sie haderte ständig mit ihrem Schicksal – ans Lernen war dabei nicht zu denken. Außerdem litten sehr viele unserer Seminarteilnehmer unter Konzentrationsstörungen und Blackout während der Prüfung. Die Betroffenen empfinden ihre Situation als ausweglos.

Doch nicht alle Prüflinge leiden unter Prüfungsangst. Für viele ist es eine Zeit, die sie einfach nur als aufregend und lästig empfinden.

Mit *Bestanden wird im Kopf!* werden auch Sie Ihre Prüfungsleistungen deutlich verbessern. In unseren Seminaren entwickeln die Teilnehmer wirksame Strategien, damit sie ruhig und gelassen mit Herausforderungen, vor allem aber mit Prüfungen, umgehen können. Sie werden systematisch dazu gebracht,

▶ ihr Leben selbst in die Hand zu nehmen,

▶ alle Herausforderungen zu analysieren,

▶ den Sinn dieser Herausforderungen zu erkennen,

▶ einen Plan zu entwickeln,

um sich anschließend verantwortungsvoll an diesen Plan zu halten und so die Herausforderung erfolgreich zu bewältigen.

Übrigens haben alle oben genannten Teilnehmer es geschafft, ihre Prüfungsangst-Symptome zu beseitigen und ihre Prüfung erfolgreich zu bestehen.

Von Spitzensportlern lernen

Bei unseren Forschungen über das optimale Herangehen an Herausforderungen sind wir sehr schnell auf den erfolgreichen Leistungssportler aufmerksam geworden. Wenn Sie den sportlichen Wettkampf und die Prüfungssituation genauer betrachten, können Sie viele Parallelen erkennen. Bei beiden

▶ bedarf es einer exakt geplanten Vorbereitung.

▶ wird Höchstleistung auf den Punkt genau gefordert.

▶ hängt für den Kandidaten sehr viel davon ab.

In Wettkämpfen des Spitzensports können Sie darüber hinaus auch noch etwas Erstaunliches feststellen: Der Spitzensportler schafft es während des Wettkampfs nicht nur, seine Höchstleistung auf die Sekunde genau abzurufen, er stellt unter diesen enorm stressbesetzten Bedingungen oft auch noch einen neuen Rekord auf. Er ist also nicht nur sehr gut, sondern er übertrifft in dieser Situation noch seine bisherigen Leistungen.

Dieses Phänomen können Sie immer wieder bei Sportlern beobachten. Sie schaffen es, unter extrem schwierigen Bedingungen Höchstleistungen bewusst und punktgenau abzurufen. Dabei übertreffen sie sich noch selbst.

Dies rief Sportpsychologen auf den Plan. Die Sportpsychologie beschäftigt sich mit der mentalen Seite des sportlichen Erfolgs und fragt, welche geistigen Fähigkeiten einen Wettkämpfer erfolgreich machen. Die Wissenschaftler wollten herausfinden, ob jeder erfolgreiche Sportler seine eigene Taktik hat oder ob sich bestimmte gemeinsame Strategien feststellen lassen. Das Ergebnis dieses Forschungsprojekts war eine Sensation. Es zeigte deutlich, dass erfolgreiche Sportler tatsächlich ganz bestimmte gemeinsame Strategien anwenden.

Die Untersuchung stellte darüber hinaus fest, dass die mentale Vorbereitung genau so wichtig ist, wie das körperliche Training. Die Sportler, die es schaffen, mentale Strategien konsequent anzuwenden, sind eindeutig erfolgreicher als diejenigen, die Ihren Fokus nur auf ein rein körperliches Training legen.

🛈 Denken Sie daran:

Gewonnen wird im Kopf! Nur wer im Kopf ein Sieger ist, kann schließlich auf dem Siegertreppchen stehen.

Die Erkenntnisse aus der Sportpsychologie lassen sich sehr gut auf andere Lebensbereiche übertragen. Insbesondere in Prüfungssituationen sind die Strategien von Spitzensportlern ausgesprochen hilfreich.

Aus diesem Grund haben wir zwölf erfolgreiche Spitzensportler ausgewählt. An ihren Beispielen werden Sie sehen, wie Sie

- sich systematisch auf eine Prüfung vorbereiten.
- mentale Strategien entwickeln.
- Höchstleistungen bewusst und punktgenau abrufen.
- sich selbst auch unter extrem schwierigen Bedingungen übertreffen.
- mit Niederlagen umgehen.
- gelassen bleiben.
- sich selbst immer wieder neu motivieren.

Die Auswahl der zwölf Ausnahmesportler stützt sich im Wesentlichen auf zwei Kriterien:

- ihre herausragenden Leistungen
- die Bewältigung ganz besonderer Herausforderungen.

Eine weitere wesentliche Rolle für die Auswahl spielten Dokumentation und Verfügbarkeit der biografischen Quellen.

Muhammad Ali (USA) – Schwergewichts-Boxer:

Mehrfacher Weltmeister, Olympiasieger, IOC Sportler des Jahrhunderts

> Um ein großer Champion zu werden, musst du auch daran glauben, der Beste zu sein.[3]
>
> [Muhammad Ali]

---

[3] Ali, Muhammad/Ali, Hana Yasmeen: More Than A Hero, S. 57

Britta Heidemann (Deutschland) – Fechterin:

Weltmeisterin und Olympiasiegerin

Für mich kann ich jedenfalls sagen, dass die Zeit, die ich zur gedanklichen Vorbereitung vor einem wichtigem Wettkampf aufwende, mit Sicherheit meine Trainingszeit in der Fechthalle bei Weitem übersteigt.[4]

[Britta Heidemann]

Vitali & Wladimir Klitschko (Ukraine) – Schwergewichts-Boxer:

Ehemaliger Weltmeister WBO und dreifacher Weltmeister WBC – Vitali

Olympiasieger und Weltmeister (Verbände: IBF, WBO, WBA, IBO) – Wladimir

Ich konzentriere mich nur auf mich. Kämpfe werden im Kopf entschieden. Stimmt die Psyche nicht, ist jedes Training umsonst.[5]

[Vitali Klitschko]

Ich konzentriere mich ausschließlich auf meinen Körper und meinen Geist.[6]

[Wladimir Klitschko]

---

[4]   Heidemann, Britta: Erfolg ist eine Frage der Haltung, S. 150
[5]   Klitschko Vitali u. Wladimir, mit Sellin, Fred: Unter Brüdern, S. 385
[6]   ebd., S. 275

Jürgen Klopp (Deutschland) – Fußballtrainer Borussia Dortmund:

Zweifacher Bundesliga Deutscher Meister und DFB Pokal-sieger

Ich bin komplett ausgeglichen. Was mir Sicherheit und Ruhe gibt, ist, dass ich das, was ich mache, kann. Ich habe nie das Gefühl, überfordert zu sein.[7]

[Jürgen Klopp]

Michael Phelps (USA) – Schwimmer:

Weltmeister und 18facher Olympiasieger, erfolgreichster Olympionike aller Zeiten (22 olympische Medaillen gesamt)

Mental stark sein ist entscheidend. In einem olympischen Finale weißt Du, dass alle physisches Talent haben. Wer wird also gewinnen? Derjenige, der mental am stärksten ist.[8]

[Michael Phelps]

Dirk Nowitzki (Deutschland) – Basketballer:

NBA Meisterschaftsgewinner und zweimaliger bester Spieler NBA

---

[7] Feldner, Claus: Jürgen Klopp – Kleine Geschichte eines außergewöhnlichen Fußballtrainers, S. 160

[8] Phelps, Michael, with Abrahamson, Alan: No Limits – The Will To Succeed, S. 11

Es war für mich wichtig, mental im Spiel zu bleiben ... Für die Mannschaft muss ich immer weiter mit Selbstvertrauen attackieren ....[9]

[Dirk Nowitzki]

Kelly Slater (USA) – Wellenreiter:

Jüngster und ältester Weltmeister (11 Weltmeistertitel), bester Surfer aller Zeiten

Ich glaube, die emotionale und mentale Seite ist sogar noch viel wichtiger...[10]

[Kelly Slater]

Sebastian Vettel (Deutschland) – Formel 1 Rennfahrer:

Vierfacher Formel-1-Weltmeister und jüngster Weltmeister aller Zeiten

Und das ist meiner Meinung nach auch das Wichtigste. Alles, was man mit Leidenschaft macht, macht man auch gut.[11]

[Sebastian Vettel]

---

[9] Nowitzki, Dirk: Interview auf www.stern.de, 13.06.2011

[10] Slater, Kelly, with Jarrat, Phil: For The Love, S.182

[11] Vettel, Sebastian: Tagebuch auf www.sebastianvettel.de, Eintrag Freitag 17. Juni 2011,

Serena & Venus Williams (USA) –
Tennisspielerinnen:

Über 150 Wochen lang Weltranglisten-Erste, vierfache Olympiasiegerin (einmal Einzel, dreimal Doppel mit ihrer Schwester),
zweifache Spielerin des Jahres – Serena

Ehemalige Weltranglisten-Erste, siebenfache Grand-Slam-
Turniergewinnerin und vierfache Olympiasiegerin (einmal Einzel, dreimal Doppel mit ihrer Schwester) – Venus

Auch wenn viele Menschen auf unsere körperlichen
Fertigkeiten achten, müssen unsere geistigen Fähigkeiten gut,
sogar sehr gut ausgebildet sein. Gute Vorstellungskraft ist
grundlegender Bestandteil, wenn es ums Gewinnen geht.[12]

[Serena Williams]

... ich war so fokussiert auf gewinnen, dass ich alles
andere um mich herum beinahe vergessen hätte.[13]

[Venus Williams]

---

[12] Williams, Venus & Serena, with Beard, Hilary: Venus & Serena – Serving From The
Hip, S. 19

[13] ebd., S. 33

Katarina Witt (Deutschland) – Eiskunstläuferin:

Vierfache Weltmeisterin und zweifache Olympiasiegerin

> Dein Wille ist irgendwann so gut trainiert wie dein Körper. Was für Muskeln und Bänder, für Knochen und Gelenke gilt, das funktioniert auch für die Seele.[14]
>
> [Katarina Witt]

Diese zwölf Ausnahmesportler stehen stellvertretend für alle erfolgreichen Sportler. Sie, als Prüfungskandidat, können die mentalen Strategien dieser lebenden Sportlegenden für Ihre Vorbereitung und zum erfolgreichen Bestehen Ihrer Prüfung nutzen.

Ein hervorragendes Beispiel: Mentales Training des erfolgreichsten Olympioniken aller Zeiten – Michael Phelps

Schon in frühen Jahren erfuhr der amerikanische Schwimmer Michael Phelps, wie wichtig die geistige Vorbereitung auf Herausforderungen wie Training und Wettkampf ist. Michaels Trainer, Bob Bowman, war ein ausgebildeter Psychologe, so dass das mentale Training stets einen hohen Stellenwert in seinem Tagesablauf hatte.

> Bob wird immer gefragt, ob ich einen Sportpsychologen konsultiere. Er antwortet: Jeden Tag.[15]
>
> [Michael Phelps]

---

[14] Witt, Katarina: Zwischen Pflicht und Kür, S.108
[15] Phelps, Michael, with Abrahamson, Alan: No Limits – The Will To Succeed, S. 12

Neben dem rein körperlichen Schwimmtraining musste sich Michael auch einer Menge mentaler Übungen stellen. Schriftliche Zieldefinitionen und das Führen eines Tagebuchs waren nur ein Teil dieser Vorbereitungen.

Bob sendet mir jeden Tag eine Email mit verschiedenen Motivationssätzen. Es konnte manchmal so simpel sein, wie „Ohne Fleiß kein Preis!", aber ich war immer begierig danach, sie zu bekommen.[16]

[Michael Phelps]

Genau diese mentale Vorbereitung zeigte schnell ihre Wirkung. Während das sportliche Können von Michael Phelps rapide zunahm, entwickelte sich gleichzeitig auch sein Selbstvertrauen in seine Fähigkeiten.

Wie wird man mental stark? Du musst deinen Geist genauso trainieren wie deinen Körper. Entfessele deine Vorstellungskraft. Arbeite hart. Heiße Hindernisse willkommen, Schwierigkeiten und Fehler willkommen.[17]

[Michael Phelps]

Das fortwährende mentale Training verhalf Michael dazu, sich stets auf sich selbst und sein Können zu konzentrieren, wenn es darauf ankam. In den schier endlos scheinenden Trainingseinheiten im Schwimmbad hielt er seine Motivation aufrecht, da ihm sein persönliches Ziel ganz klar bewusst war. Auch wenn er Fehler machte oder eine Niederlage erlebte, ließ sein Glaube an sich selbst nicht nach.

Wenn Du sagst, „Ich kann das nicht", beschränkst du damit, was du tun kannst und jemals tun wirst. Du kannst deine Vorstellungskraft nutzen, um alles zu tun, was du willst.[18]

[Michael Phelps]

---

[16] Phelps, Michael, with Cazeneuve, Brian: Beneath The Surface, S.87

[17] Phelps, Michael, with Abrahamson, Alan: No Limits – The Will To Succeed, S. 132

[18] ebd., S. 65

Diese mentale Einstellung verhalf Michael Phelps, zum erfolgreichsten Olympioniken aller Zeiten zu werden. Mit 18 Goldmedaillen, zwei Silber- und zwei Bronzemedaillen, hat er geschafft, was zuvor noch nie ein Sportler erreicht hat.

Wenn es losgeht, wenn die Zeit für Fokus und mentale Stärke kommt, dann kann ich mich in jeder Situation sofort dort hinbegeben.[19]

[Michael Phelps]

Genau diese Siegermentalität und das richtige Selbstvertrauen möchten wir Ihnen vermitteln. Wir möchten Sie dazu bringen, bewusst und ganz gezielt Ihre Höchstleistungen abrufen zu können. Außerdem wollen wir Ihnen Ihre Lebensfreude und den Spaß an Herausforderungen zurückbringen. Leben bedeutet Abenteuer – und jedes Abenteuer besteht aus Herausforderungen. Nur wer sich voller Elan und Freude an eine Herausforderung wagt, wird auf Dauer erfolgreich sein.

Das Wichtigste ist es, das du dich auf deine Träume konzentrierst und gut gelaunt mit Körper und Geist dabei bleibst.[20]

[Serena Williams]

Aus unserem Seminaralltag

In unseren Seminaren erleben wir immer wieder, welch verblüffende Veränderungen durch die Anwendung der Sportler-Strategien bei unseren Teilnehmern in allerkürzester Zeit zu beobachten sind. Aus verzweifelten jungen Menschen werden Kämpfernaturen und Sieger.

---

[19] ebd., S. 131

[20] Williams, Venus & Serena, with Beard, Hilary: Venus & Serena – Serving From The Hip, S. 119

Die Seminarteilnehmerin Lola stammte aus Kamerun und studierte Medizin. Sie wollte von ganzem Herzen Gynäkologin werden. Mit viel Elan und guten Leistungen hatte sie um den begehrten Studienplatz in Deutschland gekämpft und schließlich voller Stolz ihr Studium begonnen. Dann fiel sie durchs Physikum. Ihr Ehrgeiz erhielt einen ersten Dämpfer. Zu ihrem Entsetzen fiel sie auch ein zweites Mal durch das Physikum. Sie wusste, dass sie jetzt nur noch eine Möglichkeit hatte, die Prüfung zu wiederholen. Ihr Ehrgeiz verwandelte sich nun in Hass. Sie hasste Deutschland, sie hasste die Uni, sie hasste die Prüfer. Voller Zorn schimpfte sie über die Zustände in Deutschland – am liebsten wollte sie sofort in ihre Heimat zurück.

Während des Seminars vollzog sich eine verblüffende Wandlung in Lola. Nach und nach erkannte sie ihre bisherigen Fehler. Ihre Bewertungen in Bezug auf Deutschland, die Uni, die Prüfer, besonders aber in Bezug auf Ihre Lernfähigkeit und die Prüfung waren extrem zerstörerisch geworden. Systematisch arbeitete sie an ihren Bewertungen. Sie entdeckte dadurch, welche Macht sie selbst über ihr Leben haben kann. Aus der hasserfüllten und aggressiven Frau wurde schließlich wieder ein strahlendes Wesen voller Tatendrang. Ihre Prüfung bestand sie mit Bravour!

Bestanden wird im Kopf! – das Konzept

Viele erfolgreiche Spitzensportler wissen: „Gewonnen wird im Kopf!" Das heißt, der erfolgreiche Sportler entwickelt sich zuerst zum mentalen Sieger. Damit schafft er die grundlegende Vorrausetzung dafür, auf das Siegertreppchen zu steigen.

Für Sie als Prüfungskandidat gilt dasselbe: *Bestanden wird im Kopf!* Wenn Sie Ihre Prüfung erfolgreich bestehen wollen, müssen Sie als Erstes zum mentalen Sieger werden. Wie Sie das schaffen, erfahren und erarbeiten Sie mit *Bestanden wird im Kopf!*. Eines ist sicher: Mit Hilfe der sieben Strategien, die wir Ihnen mit diesem Buch vermitteln, werden Sie innerhalb kürzester Zeit zum mentalen Sieger.

Bestanden wird im Kopf! ist deshalb so wirksam, weil Sie die Strategien der Spitzensportler durch Arbeitsbögen und einzelne Aufgaben immer direkt auf Ihre eigene Situation übertragen. Somit verinnerlichen Sie diese Strategien effektiv und wenden sie auf Ihre Herausforderung, die Prüfung an.

Nachfolgend der Weg der kleinen Schritte, den Sie mit *Bestanden wird im Kopf!* gehen, um Ihre Prüfung erfolgreich zu meistern:

> ... wie viele kleine Schritte doch notwendig sind, um am Ende ein großes Ziel zu erreichen.[21]

[Sebastian Vettel]

Strategie I – Die Erkenntnis: Sie erkennen, wie Sie das Wissen über Körper und Geist optimal nutzen. In der Prüfungszeit verlangen Sie von Ihrem Körper und Geist Höchstleistung. Deswegen erfahren Sie hier, wie Sie beide bestens unterstützen können.

> ...mein Körper versucht, das zu kopieren, was mein Geist ihm eingibt.[22]

[Kelly Slater]

Strategie II – Die Zielarbeit: Sie werfen einen Blick in Ihre eigene erfolgreiche Zukunft und legen Ihr Ziel fest. Mit diesem Ziel vor Augen wissen Sie immer, dass sich die Mühsal des Lernens lohnt.

> Wir bereiten uns heute auf unser Leben in der Zukunft vor.[23]

[Venus Williams]

---

[21] Vettel, Sebastian: Tagebuch auf www.sebastianvettel.de, Eintrag Mittwoch 19. Oktober 2011

[22] Slater, Kelly, with Borte Jason: Pipe Dreams, S.268

[23] Williams, Venus & Serena, with Beard, Hilary: Venus & Serena – Serving From The Hip, S. 100

Strategie III – Das Erfolgsbewusstsein: Sie schauen in Ihre eigene Vergangenheit und forschen genau nach Erfolgen, die Sie bereits erlebt und erreicht haben. Welche Eigenschaften haben Sie für diese Erfolge an den Tag gelegt? Sie werden entdecken, dass Sie das Zeug zum Sieger schon oft gezeigt haben.

> Die Glücksgefühle nach einem Erfolg sind erfreulicherweise
> nicht punktuell, sondern ein langfristiges Erlebnis,
> aus dem man immer wieder schöpfen kann.[24]

> [Britta Heidemann]

Strategie IV – Die Fehleranalyse: Sie beschäftigen sich mit Ihren Fehlern. An dieser Stelle haben Sie das nötige Selbstbewusstsein, sich mit den Dingen zu beschäftigen, die nicht so gut gelaufen sind und die verbessert werden können. Nur, wenn Sie Ihre Schwachstellen kennen, können Sie an ihnen arbeiten.

> Im Leben muss man viel durchmachen. Höhen und Tiefen.
> Aber die Tiefen machen einen nur stärker.[25]

> [Dirk Nowitzki]

Strategie V – Der Trainingsplan: Sie überlassen nichts dem Zufall und planen Ihre Herangehensweise an die Herausforderung Prüfung wie ein Spitzensportler. Dadurch wissen Sie immer, wo Sie gerade stehen. Wertvolle Tipps zum Lernen helfen Ihnen zudem, den Inhalt bestmöglich abzuspeichern.

> Es geht immer nur darum, die richtigen Maßnahmen
> im richtigen Moment zu treffen.[26]

> [Jürgen Klopp]

Strategie VI – Die Hindernisse: Sie erkennen die Hindernisse, die sich vor Ihnen auftun können und gehen mit ihnen effektiv um. Nichts kann Sie mehr aufhalten!

---

[24] Heidemann, Britta: Erfolg ist eine Frage der Haltung, S. 196

[25] Höpfel. Jürgen und Frühwirth, Fabian: Einfach Er, S. 18

[26] Neveling, Elmar: Jürgen Klopp – Echte Liebe, S. 131

Wenn ich vor einem Hindernis stand, dann gab ich nicht auf, sondern suchte mir einen Weg darunter, darüber oder darum herum.[27]

[Muhammad Ali]

Strategie VII – Das Ziel: Sie bestehen Ihre Prüfung erfolgreich, weil Sie die Techniken kennen, Höchstleistung punktgenau abzurufen. Außerdem sind Sie ruhig und gelassen, denn Sie wissen, dass Sie ein Sieger sind.

Ich war ruhig. Vielleicht ist ruhig das falsche Wort. Weil ich natürlich aufgeregt und angespannt war. Aber das bin ich vor jedem Kampf. In dem Augenblick, in dem ich durch die Seile in den Ring steige, fällt diese Anspannung von mir ab. Dann befinde ich mich im Zustand höchster Konzentration.[28]

[Vitali Klitschko]

Ein positiver Nebeneffekt: Wenn Sie *Bestanden wird im Kopf!* auf Ihr eigenes Leben anwenden, werden Sie nicht nur Ihre Prüfung erfolgreich bestehen, sondern darüber hinaus auch mehr Erfolg und Freude in Ihr Leben bringen.

...ich finde, dass das Streben nach Leistung und Willensstärke nicht im Widerspruch zu einem zufriedenen und glücklichen Leben steht, sondern dass sich beides im Gegenteil wunderbar ergänzt.[29]

[Britta Heidemann]

---

[27] Ali, Muhammad/Ali, Hana Yasmeen: More Than A Hero, S. 22

[28] Klitschko Vitali u. Wladimir, mit Sellin, Fred: Unter Brüdern, S.387

[29] Heidemann, Britta: Erfolg ist eine Frage der Haltung, S. 10

Zum Umgang mit diesem Buch

Damit Sie *Bestanden wird im Kopf!* zu diesem Ziel führt und Sie einen optimalen Nutzen daraus ziehen können, ist es von äußerster Wichtigkeit, dass

▶ Sie sich an alle Anweisungen halten.

▶ Sie sämtliche Arbeitsbögen immer dann schriftlich ausfüllen, wenn Sie dazu aufgefordert werden.

▶ Sie einen kritischen Blick auf Ihr Leben werfen und ehrlich mit sich selbst sind.

 An dieser Stelle möchten wir Ihnen ihren persönlichen Trainer vorstellen. Sein Name ist Coach Mo. Coach Mo wird Ihr motivierender Begleiter durch die *Bestanden wird im Kopf!*-Strategien sein. Die Arbeitsbögen finden Sie im Anhang ab Seite 207. Wenn der Text auf einen Arbeitsbogen verweist, symbolisiert Coach Mo Ihre Bearbeitungsphase. Unterbrechen Sie an dieser Stelle Ihre Lektüre, füllen Sie den Bogen sorgfältig aus und lesen Sie erst anschließend wieder weiter.

***

❗ Denken Sie dran:

Das Wichtigste ist Ihr persönlicher Wille zur Veränderung. Nur wer sich wirklich verändern will, wird tatsächlich einen Nutzen aus diesem Buch ziehen.

Ich sehe es nicht als Druck an, sondern nur als Erwartung, aber die einzige Erwartung, auf die ich mich fokussiere, ist meine eigene, weil sie es ist, bei der ich selbst etwas machen kann.[30]

[Michael Phelps]

---

[30] Phelps, Michael, with Abrahamson, Alan: No Limits - The Will To Succeed, S. 102

Strategie I: Die Erkenntnis
Wie Sie das Wissen über Körper und Geist optimal nutzen

Ich will, dass Körper und Geist zusammenarbeiten.[31]

[Muhammad Ali]

Eigenverantwortung – Die Basis des Erfolgs

Ein Sportler, der Erfolge feiern will, ist sich bewusst, dass der Weg zum Ziel steinig und schwer sein wird. Er weiß, dass der Erfolg sich nicht von selbst einstellen wird, sondern dass er dafür sehr hart trainieren muss. Deshalb arbeitet jeder Sportler mit einem auf ihn abgestimmten Trainingsplan – der Erfolg wird also bis in die letzte Einzelheit systematisch und kontinuierlich geplant.

Um einen solchen Plan erstellen zu können, muss er zunächst einmal zahlreiche Informationen sammeln: Wie funktioniert sein Körper? Wie sehen die Zusammenhänge zwischen Körper und Geist aus? Mit diesem Wissen kann er dann gezielt sein persönliches Management in die Hand nehmen und zu seinem Vorteil nutzen.

---

[31] Ali, Muhammad/Durham, Richard: Der Größte, S. 394

Durch den Einsatz dieser Erkenntnisse ist der Sportler also in der Lage, Höchstleistungen systematisch und konsequent vorzubereiten und im entscheidenden Moment zu erbringen. Außerdem übernimmt der Sportler so die Verantwortung für sein Tun. Diese Eigenverantwortung ist ein maßgeblicher Bestandteil für einen gezielten Erfolg, ganz gleich, ob es sich um einen Wettkampf handelt oder eine Prüfung. Mit diesem Appell an die Eigenverantwortung motiviert auch der Fußballtrainer Jürgen Klopp sein Team:

> Menschen können viel erreichen, wenn sie sich
> mit Haut und Haar auf etwas einlassen.[32]

[Jürgen Klopp]

Dieses „sich darauf einlassen" ist auch für Sie als Lernenden wichtig. Nur wenn Sie wissen, wie Körper und Geist funktionieren, können Sie beide verantwortungsbewusst und optimal in ihrer Arbeit unterstützen. Denn die Prüfungszeit ist eine Zeit, in der Höchstleistung gefordert wird. Damit auch Sie Höchstleistung gezielt abrufen können, folgt nun ein kurzer Exkurs über den menschlichen Körper.

Körper und Geist – Was Sie über sich wissen müssen

Im menschlichen Körper sind alle Funktionen aufeinander abgestimmt. Jede Funktion hat ihren besonderen Sinn und wirkt sich auf den gesamten Organismus aus. Körperliche und geistige Vorgänge hängen von einander ab und beeinflussen sich gegenseitig. Ihre Gedanken wirken sich zum Beispiel auf

---

[32] Feldner, Claus: Jürgen Klopp - Kleine Geschichte eines außergewöhnlichen Fußballtrainers, S. 116

Ihren Körper aus. Dies können Sie gut beobachten, wenn Sie an ein schönes Erlebnis oder an einen persönlichen Erfolg denken – dann ist Ihre Körperhaltung offen und gestreckt. Umgekehrt beeinflusst Ihre Körperhaltung Ihre Gedanken. Beobachten Sie sich einmal und schauen Sie was passiert, wenn Sie sich aufrichten und die Schultern zurücknehmen – Sie werden merken, dass Ihre Gedanken anfangen, sich positiv zu verändern. In dieser Siegerhaltung ist es schwer, Gedanken an die eigene Schwäche zu hegen.

Diese körperlichen und geistigen Zusammenhänge befinden sich in einem immerwährenden Wechselspiel.

Was du mit deinem Körper machst, geht an deinem Kopf nicht vorbei.[33]

[Katarina Witt]

Bewusstsein und Unterbewusstsein

Sie müssen unterscheiden zwischen dem Bewusstsein und dem Unterbewusstsein. Das Bewusstsein können Sie als Sammelbegriff für Ihre Wahrnehmungen, Gedanken, Vorstellungen und Bedürfnisse bezeichnen, soweit sie Ihnen bewusst sind. Es ist sozusagen die Steuerungszentrale. Es gibt die Befehle und bestimmt die Richtung. Mit Ihrem Bewusstsein treffen Sie also Ihre Entscheidungen, stellen Dinge in Frage und bewerten Situationen.

Informationen erhält das Bewusstsein über Ihre fünf Sinne. Dadurch sind Sie in der Lage zu lernen, zu beobachten und sich weiter zu entwickeln.

Das Unterbewusstsein hingegen steuert sämtliche physischen Funktionen, wie den Herzschlag, die Verdauung und sämtliche anderen Organe. Es ist dafür verantwortlich, dass Ihr Körper funktioniert, ohne dass Sie dies bewusst wahrnehmen.

---

[33] Witt, Katarina: Gesund und fit mit Kati Witt, S. 57

Somit macht Ihr Unterbewusstsein niemals eine Pause und setzt unermüdlich alles daran, Ihr Leben zu schützen.

Das Unterbewusstsein ist auch der Sitz Ihrer Erinnerungen und Gefühle. Es prägt sich Denkgewohnheiten ein und ruft sie bei Bedarf ab.

Dabei ist das Unterbewusstsein nicht in der Lage, ein Für und Wider abzuwägen, sondern nimmt sozusagen alles als Wahrheit an. Es kann also nicht zwischen Realität und Fantasie unterscheiden. Außerdem überprüft es nicht, ob Ihre Gedanken hilfreich oder destruktiv sind, sondern es setzt alles daran, diese Gedanken auf der Verhaltensebene in die Tat umzusetzen. Wenn Sie also immer wieder zu sich selbst sagen: „Ich bin ein schlechter Lerner!", dann wertet Ihr Unterbewusstsein dies als Tatsache und aktiviert das entsprechende Verhalten.

❗ Denken Sie daran:

Ihr Unterbewusstsein wird in vielen Bereichen durch Ihr Bewusstsein geprägt.

Sich mental mit dem inneren Selbst auseinanderzusetzen, gegen die eigenen Gedanken zu kämpfen, sich im inneren Dialog zu überwinden, ... [34]

[Britta Heidemann]

Funktionsschema Mensch

Vereinfacht dargestellt funktioniert der Mensch immer nach dem gleichen Schema:

1. Sie treffen auf eine **Situation**.
2. Sie nehmen eine Einschätzung oder **Bewertung** der Sachlage vor.

---

[34]   Heidemann, Britta: Erfolg ist eine Frage der Haltung, S. 17

3. Aus dieser Bewertung entsteht Ihre **Emotion**.

4. Auf Grund dieser Emotion entsteht Ihr **Verhalten**.

Dieses Verhalten können Sie in beobachtbares und nicht beobachtbares Verhalten aufgliedern. Also:

Situation → Bewertung → Emotion → Verhalten

Alles, was Sie mit Ihren fünf Sinnen wahrnehmen, verarbeitet Ihr Gehirn nach diesem Schema. Alles, was Sie sehen, hören, riechen, schmecken oder fühlen wird bewertet. In jedem Augenblick Ihres Lebens bewertet und speichert Ihr Gehirn die Erlebnisse und Erfahrungen und sortiert diese danach, ob sie positiv, negativ oder neutral für Sie sind. Nach diesem Schema verläuft Ihr gesamtes Leben. Ständig treffen Sie auf Situationen und nehmen blitzschnell eine Bewertung vor, ohne dass Ihnen dies wirklich bewusst ist. Aus dieser Bewertung heraus entsteht Ihre Emotion und daraus Ihr Verhalten.

Zu Beginn Ihres Lebens erfolgten Ihre Bewertungen weitestgehend über Ihre Bezugspersonen. Sie beobachteten die Reaktionen der Eltern, Geschwister, Großeltern, Lehrer usw. und richteten Ihre Bewertung danach aus. An einem einfachen Beispiel können Sie gut erkennen, wie der Mensch schon in frühester Kindheit nach diesem Schema funktioniert:

Die kleine Laura ist mit ihrer Mutter zusammen. Plötzlich läuft eine Maus durch das Zimmer.

Möglichkeit 1:

1. Laura sieht die Maus **(Situation)**.

2. Sie findet die Maus putzig, denn sie hat ein süßes kleines Näschen und bewegt sich so flink **(Bewertung: Maus ist süß)**.

3. Laura freut sich **(Emotion: Freude)**.

4. Sie klatscht in die Hände, sie will die Maus fangen **(beobachtbares Verhalten)**.

Es kann sein, dass sich Laura durch diese einmal vorgenommene Bewertung zu einer Tierliebhaberin entwickelt. Immer, wenn sie eine Maus sehen wird, wird sie auf diese Ursprungsbewertung zurückgreifen. Dies tut sie so lange, bis eine veränderte Situation auftritt, die eine neue Bewertung erfordert.

Es kann aber auch sein, dass in genau derselben Situation folgendes passiert:

Möglichkeit 2:

1. Laura sieht die Maus, ihre Mutter schreit auf und springt auf den Tisch **(Situation)**.
2. Laura beobachtet die Reaktion ihrer Mutter **(Bewertung: Maus muss gefährlich sein)**.
3. Laura hat Angst **(Emotion: Angst)**,
4. Laura weint, sie will auf den Arm der Mutter, sie hat Herzklopfen **(beobachtbares und nicht beobachtbares Verhalten)**.

Auch hier besteht die Möglichkeit, dass Laura nun in Zukunft bei jeder Maus, die ihr begegnet, immer das gleiche Verhalten an den Tag legen wird. Sie wird die Bewertung so lange nicht in Frage stellen, bis sie dieses Verhaltensmuster stört.

Im Sport sieht es ganz genau so aus. Der so genannte Angstgegner entsteht nach demselben Muster:

1. Ein Tennisspieler spielt gegen einen Gegner, der in der Rangliste höher steht **(Situation)**.
2. Der Tennisspieler bewertet: „Er ist viel besser als ich!" **(Bewertung)**.
3. Er verspürt Angst **(Emotion)**.
4. Der Tennisspieler blockiert sich selber und verliert zwangsläufig **(Verhalten)**.

Solange dieser Tennisspieler seine Bewertung nicht verändert, sind die Niederlagen wahrscheinlich.

Auch Prüfungsängste entstehen so:

1. Sie machen irgendwann eine schlechte Erfahrung in Bezug auf Prüfungen **(Situation)**. Dies kann schon ein eigentlich nichtiges Ereignis gewesen sein: Sie waren vielleicht ein nicht so fleißiger Schüler und haben sich tatsächlich einmal schlecht auf eine Prüfung vorbereitet. Oder vielleicht hat der Prüfer einmal eine negative Bemerkung gemacht oder Ihnen ist im Zusammenhang mit einer Prüfung irgendein Missgeschick unterlaufen.
2. In der Folge bewerten Sie die Prüfung für sich als kaum oder gar nicht lösbar **(Bewertung)**.
3. Sie fühlen sich hilflos, schlecht, ausgeliefert – es entsteht Angst **(Emotion)**.
4. Sie blockieren sich und es kommt zum Beispiel zu Konzentrationsstörungen oder einem Black Out **(Verhalten)**.

Diese in der Vergangenheit gemachte Erfahrung hat zur Folge, dass Sie immer dann, wenn Sie an Prüfungen denken oder wenn Sie sich auf Prüfungen vorbereiten wollen, unbewusst das gleiche Programm abspulen.

❶ Denken Sie daran:

Prüfungsängste entstehen durch ungeeignete Bewertungen, die ein schematisiertes Verhalten nach sich ziehen!

Wir sind, was wir denken.

[Katarina Witt]

Wie aber kommt es dazu?

Entstehung von Verhaltensmustern

Forscher gehen davon aus, dass der Mensch täglich bis zu 60.000 Bewertungen vornimmt. Da Sie aber im Laufe Ihres Lebens auf immer wiederkehrende Situationen treffen, tritt nun ein Gewohnheitsprozess ein. In jeder Situation überprüft Ihr Unterbewusstsein blitzschnell, ob Sie mit dieser Situation schon in Berührung gekommen sind oder etwas darüber wissen. Haben Sie eine ähnliche Situation schon einmal erlebt, bewertet es die Situation automatisch nach demselben Schema.

Sie nehmen also in ähnlichen Situationen keine neuen Bewertungen mehr vor, sondern greifen auf bereits gemachte Bewertungen zurück. Dadurch entstehen Ihre Überzeugungen, Gewohnheiten oder so genannten Glaubenssätze, die nun Ihr Verhalten bestimmen.

Unsere „Schubladen"

In Ihrem Unterbewusstsein richten Sie sozusagen Schubladen mit einmal vorgenommenen Bewertungen ein. Diese Schubladen öffnen Sie je nach Bedarf und spulen Ihr Programm ab, ohne die einmal gemachte Bewertung noch in Frage zu stellen. Schauen wir uns einige Beispiele für solche Schubladen an:

Eigenes Aussehen	Eigene Intelligenz	Eigene Lernfähigkeit
„Ich bin zu dick!"	„Ich bin nicht so intelligent."	„Ich kann einfach nichts behalten."
Prüfer	Schule	Lehrer
„Der Prüfer kann mich nicht leiden!"	„Ich hasse die Schule!"	„Lehrer sind doof!"
Deutsch	Mathematik	Eltern
„Hier bin ich top!"	„Verstehe ich überhaupt nicht."	„Ich liebe meine Eltern."
Eigene Konzentration	Prüfung	Geschwister
„Ich kann mich nicht konzentrieren."	„Das kann ich nicht schaffen!"	„Mein Bruder ist ein Blödmann!"
Wettkampf	Eigene Fitness	Freunde
„Ich verliere immer gegen ihn."	„Ich bin sportlich."	„Meinen Freunden kann ich vertrauen."

Dies sind nur einige Beispiele von einmal gemachten Erfahrungen und Bewertungen. Sie haben sich eine Meinung gebildet. An dieser Meinung wird so lange nicht gerüttelt, bis eine stark emotional besetzte neue Situation diese alte Bewertung in Frage stellt – oder Sie ganz bewusst an diesen Schubladen arbeiten.

Positive Schublade

Aufgrund Ihrer Schubladen entwickeln Sie also ein Verhaltensmuster, das nach immer gleichen Regeln abgespult wird, ohne dass Sie diese Regeln noch in Frage stellen. Dies verschafft Ihnen im Alltag dann eine große Erleichterung, wenn Sie auf positive Erfahrungen zurückgreifen können, denn positive Bewertungen ziehen positive Gefühle nach sich – Ihr Verhalten ist dadurch offen, neugierig und wissbegierig.

Negative Schublade

Haben Sie jedoch negative Schublade eingerichtet, sieht die Sache für Sie nicht ganz so gut aus. Auch hier wird automatisch dasselbe Verhaltensmuster abgespult. Negative Bewertungen ziehen jedoch negative Gefühle nach sich – dadurch wird Ihr Verhalten verschlossen und eng. Sie fühlen sich schlecht und blockieren sich automatisch.

Werfen Sie nochmals einen Blick auf das Beispiel Nr. 2 mit der kleinen Laura: Laura wird spätestens bei der dritten Maus ein solches schematisiertes Verhalten an den Tag legen. Die Bewertung, dass Mäuse angsteinflößend und gefährlich sind, wird nicht mehr in Frage gestellt. Es kann sein, dass sie diese Überzeugung auf alle Kleintiere überträgt, wenn keine Situation in Lauras Leben eintritt, die sie durch einen bestimmten Umstand zu einer neuen Bewertung veranlasst. Sehr wahrscheinlich wird sie immer automatisch Angst haben, wenn sie eine Maus, einen Hamster oder ein ähnliches Tier sieht.

Und genauso sieht es auch im Falle des Tennisspielers und des Prüfungskandidaten aus. Manchmal führt tatsächlich bereits eine einzige negative Erfahrung zu einem dauerhaft ungünstigen Verhaltensmuster. Die einmal vorgenommene Bewertung wird nicht mehr in Frage gestellt – der Misserfolg ist vorprogrammiert!

Aus unserem Seminaralltag

Immer wieder erleben wir in unseren Seminaren, welche Auswirkungen solche ungünstigen Bewertungen haben können. Da war zum Beispiel Michael. Er hatte sein Abitur mit einer guten Note bestanden und wollte Tiermedizin studieren. Das Lernen war ihm bisher immer leicht gefallen. Doch das Leben an der Uni unterscheidet sich sehr vom Schülerdasein. Michael genoss das freie Studentenleben, die Lernerei erschien ihm eher lästig. Er wusste ja, dass er schnell und mühelos lernen konnte, deshalb schob er den Lernbeginn immer weiter hinaus. Die Prüfungstermine rückten allerdings unerbittlich näher und Michael musste irgendwann erkennen, dass er zu spät begonnen hatte. Das erforderliche Lernpensum war viel größer, als er gedacht hatte. Die Aussage „Das kann ich nicht mehr schaffen!" hatte sich irgendwann in seinem Kopf festgesetzt. Mit jedem verstrichenen Tag wurde dieser Satz dominanter. Panik kam auf – und es kam, wie es kommen musste: Michael fiel durch die Prüfung.

Nun könnten Sie sagen: „Ja klar, er hat ja auch nicht richtig gelernt! Wenn er ab sofort richtig lernt, wird er auch seine Prüfung bestehen!" Das Dumme daran war nur, dass Michael dadurch eine negative Bewertung abgespeichert hatte. Sobald er an die nächste Prüfung dachte, wurde sofort die neue Schublade "Ich kann das nicht schaffen!" geöffnet: Michaels Selbstwertgefühl sank immer tiefer, das Wort Prüfung löste bei ihm ständig Panik aus.

❗ Denken Sie daran:

Verhaltensgewohnheiten können Ihr Leben erleichtern. Verhaltensgewohnheiten können aber auch dazu führen, dass Sie immer wieder das gleiche Verhaltensmuster abspulen, das Sie blockiert!

Es war mein Verhalten. Ich wollte es loswerden.[35]

[Michael Phelps]

---

[35] Phelps, Michael, with Cazeneuve, Brian: Beneath The Surface, S.49

Die Ursachen der Angst

Die Ursachen für Ihre Ängste oder Probleme mit Prüfungen liegen demnach in Ihren eigenen früher vorgenommenen und abgespeicherten Bewertungen.

Sie können Ihr Gehirn mit einem Computer vergleichen. Alles, was Sie einprogrammieren, setzt es auch um. Hat es ein ungünstiges Programm abgespeichert, bewertet es auch etwas als gefährlich, was möglicherweise nicht wirklich gefährlich ist.

Sie haben also irgendwann, oft bereits in der Kindheit, bestimmte Verhaltensmuster angelegt. Sie wurden vielleicht bestraft, wenn Sie den Anforderungen der Eltern oder Lehrer nicht genügten. Vielleicht haben Sie gelernt, sich als gut und brav zu bewerten, wenn Sie etwas richtig gemacht und den Vorstellungen der Eltern entsprochen haben.

Sie haben dann aber auch gelernt, dass es schlimm ist, wenn Ihnen ein Fehler unterläuft. In der Folgezeit erlebten Sie dann unter Umständen jede Leistungssituation als eine persönliche Bedrohung, bei der Sie befürchten mussten, schlecht abzuschneiden und damit in der Gunst anderer zu sinken. Befinden Sie sich nun in einer Prüfungssituation, so nimmt die Wahrnehmung der persönlichen Bedrohung ein Übermaß an.

Ihre Ängste und somit auch die Prüfungsängste werden maßgeblich durch Ihre Fantasie gesteuert. Sie malen sich die bedrohliche Situation bereits im Vorfeld in allen verheerenden Einzelheiten aus. Dadurch wird das Unterbewusstsein ständig negativ gepolt. Ihr Unterbewusstsein kann nicht unterscheiden, ob Sie sich ein Ereignis nur vorstellen oder ob es tatsächlich stattfindet.

Für Ihr Unterbewusstsein, sozusagen Ihre Schaltzentrale, existiert immer nur die Gegenwart. Wenn Sie sich also in Gedanken in eine Situation begeben, wird nun alles im Körper mobilisiert, um mit dieser Situation entsprechend fertig zu werden.

So reagiert z.B. Ihr Körper auf die Information „Gefahr", ohne jemals diese Bewertung zu überprüfen, denn Ihr Körper ist nur das ausführende Organ, das stur dem Kommando folgt, das die Befehlszentrale Gehirn gibt.

Denken Sie also an die bevorstehende Prüfung und sehen sich in Gedanken kläglich scheitern, so wird Ihr Unterbewusstsein alles daran setzen, Sie vor dieser Gefahr zu schützen. Es kommt zum akuten Stressalarm.

> „Wie furchtbar, dass ...“ „Ich habe Angst davor, dass...“
> – solche Floskeln schwächen unsere Kraft und sind
> nichts weiter als hausgemachter Stress.[36]
>
> [Katarina Witt]

Die Entstehung von Stress – Was ist Stress überhaupt?

Um das Phänomen Stress besser zu begreifen, werfen Sie am besten einen Blick auf einen unserer frühen Vorfahren. Wir nennen ihn den Steinzeit-Berthold.

Berthold liegt in seiner Höhle und hat Hunger. Leider hat er nichts mehr zu essen. Deshalb nimmt Berthold seine Steinschleuder und geht auf die Jagd. Nun passiert Folgendes:

1. Im Wald hört er ein Brummen im Gebüsch. Da ist der Bär **(Situation)**!
2. Berthold bewertet die Situation als gefährlich. Der Bär ist viel stärker als er **(Bewertung)**.
3. Er verspürt Angst **(Emotion)**.
4. In Bertholds Körper passiert nun eine ganze Menge: Es kommt zu einer Gefahrenmeldung. Stresshormone werden produziert (Adrenalin, Noradrenalin, Testosteron, Cortisol),

---

[36] Witt, Katarina: Gesund und fit mit Kati Witt, S. 134

die Bertholds gesamten Körper überfluten. Höchste Alarmstufe! Berthold empfindet Stress **(Verhalten)**.

Die Hormone erreichen nun über die Blutbahnen alle Organe und Körperzellen, denn Berthold soll blitzschnell und angemessen auf die Gefahr reagieren können. Die Stresshormone bewirken, dass

▶ sich die Herzfrequenz erhöht,

▶ Atemtätigkeit und Blutdruck steigen,

▶ sich die Blutgefäße verengen,

▶ die Leber mehr Glucose als Brennstoff für Gehirn und Muskulatur bereitstellt,

▶ die Bauchspeicheldrüse die Produktion von Insulin reduziert,

▶ sich die Spannung in den Arm-, Bein- und Rückenmuskeln erhöht,

▶ sich die Sexualfunktion vorübergehend einschränkt,

▶ sich die Arbeit von Darm und Harnblase reduziert.

Die Ausschüttung der Stresshormone macht Berthold also zu einem hochkonzentrierten Energiebündel. Nun kann er gezielt mit der Gefahr umgehen. Er kann entscheiden, ob er sich der Gefahr stellen oder die Flucht ergreifen will.

Da Berthold ein mutiger Kerl ist und er außerdem viel Hunger hat, stellt er sich der Gefahr. Er erlegt den Bären, schleppt ihn nach Hause und bereitet sich ein leckeres Mahl. Anschließend legt er sich zu einem Mittagsschläfchen in seine Höhle. Wenn er aufwacht, sind alle Stresshormone wieder abgebaut, denn Stresshormone werden durch Bewegung oder durch Schlaf abgebaut.

Sie und alle anderen Menschen reagieren heute noch genau wie Steinzeit-Berthold. Wenn Sie eine Situation als gefährlich einstufen, löst Ihr Unterbewusstsein Stressalarm aus.

❗ Denken Sie daran:

Stress ist im Grunde sehr hilfreich. Stress bringt Sie dazu, sinnvoll auf Gefahren zu reagieren.

> Darf ein Boxer Angst haben? Ich finde, er darf nicht nur, er muss sogar Angst haben. Ich habe vor jedem Kampf Angst ... Angst sorgt dafür, dass ich hellwach bin, hochkonzentriert. Dass ich schon im Training alles gebe, um optimal vorbereitet zu sein.[37]
>
> **[Wladimir Klitschko]**

> Boxer können Angst haben. Und ein ängstlicher Boxer ist ein gefährlicher Boxer, manchmal sogar der gefährlichste.[38]
>
> **[Muhammad Ali]**

Gesundheitsrisiko Stress

Trotzdem bezeichnet die Weltgesundheitsbehörde Stress als das größte Gesundheitsrisiko des 21. Jahrhunderts. Das Stressempfinden der Menschen, besonders in den westlichen Ländern, steigt jährlich um ein Vielfaches. Mittlerweile bezeichnen sich 75 Prozent aller Deutschen als dauerhaft stark gestresst. In Deutschland sterben jährlich ca. 190.000 Menschen an den Folgen von Stress. Hinzu kommt, dass stressbedingte Arbeitsausfälle unserem Wirtschaftssystem einen enorm hohen Verlust bescheren.

Warum ist das so? Wie kommt es, dass sich eine sinnvolle und wertvolle körperliche Reaktion so negativ auf das Leben auswirkt?

---

[37] Klitschko Vitali u. Wladimir, mit Sellin, Fred: Unter Brüdern, S. 278
[38] Ali, Muhammad/Durham, Richard: Der Größte, S. 351

Informationsflut und Leistungsdruck

Das Leben hat sich in den letzten Jahrzehnten grundlegend verändert. Die Welt wurde zwar technisiert und automatisiert, doch sind die Anforderungen an jeden Einzelnen extrem gestiegen. Ob beruflich oder privat, Sie stehen unter einem hohen Leistungsdruck. Hinzu kommt, dass täglich eine Flut von Informationen verarbeitet werden muss. Unentwegt sind Sie irgendwelchen Reizen ausgesetzt. Sie hören Radio, sehen fern, arbeiten am Computer, bewegen sich im hektischen Straßenverkehr. Ihr Unterbewusstsein muss all diese Informationen immer nach dem gleichen Schema verarbeiten. Jede Information muss in Ihr Schubladensystem eingeordnet werden. Alles, was Sie sehen, hören, riechen, schmecken oder fühlen, muss überprüft werden: Haben Sie so etwas oder Ähnliches schon einmal erlebt? Wenn ja, wird die entsprechende Schublade geöffnet und das entsprechende Verhaltensmuster aktiviert. Wenn nein, wird eine neue Schublade eingerichtet. Bei ca. 60.000 Bewertungsimpulsen pro Tag kommt es daher sehr schnell zu einer Reizüberflutung.

> Die Zeit rast, und man bekommt das Gefühl, ständig im Dauerlauf hetzen zu müssen, um von den Ereignissen nicht überrollt zu werden und überhaupt noch Schritt halten zu können mit den Veränderungen, die vor sich gehen.[39]
>
> [Vitali Klitschko]

Gefahrenquelle Reizüberflutung

Wenn Sie also nicht gut für sich sorgen und sich zum Beispiel keine ausreichenden Ruhephasen gönnen, bewertet Ihr Unterbewusstsein diese Reizüberflutung als gefährlich. Es reagiert nach dem Bärenmuster – Stressalarm wird ausgelöst!

---

[39] Klitschko Vitali u. Wladimir, mit Sellin, Fred: Unter Brüdern, S.201

Ändert sich nichts an Ihrer Lebenssituation, wird dauerhaft Stressalarm gegeben. Ihr Körper wird nun also für längere Zeit mit Stresshormonen überflutet. Er gerät in einen vegetativen und hormonellen Daueralarmzustand und befindet sich in einer permanenten Notsituation.

Wenn Sie betrachten, was sich in Ihrem Körper durch die Stresshormone alles ereignet, so wird schnell klar, dass Sie dieser Zustand auf Dauer krank machen muss. Es entstehen zahlreiche Krankheitssymptome, denn Ihr Körper wehrt sich gegen diesen Dauerstress. So kann es zu Herz-Kreislauf-Beschwerden, Migräne, Durchfall, Verstopfung, Magengeschwüren, Anfälligkeiten für Infektionen, Hautausschlägen, Rückenbeschwerden und vielem mehr kommen.

Auch Ihre Psyche kann auf Dauerstress mit Depressionen, unklarem Denken, Schlafstörungen, Stimmungsschwankungen, Überreaktionen, Blackout und Weinen reagieren.

> Im Laufe der letzten Jahre habe ich immer deutlicher gemerkt, dass der Körper der Spiegel der Seele ist: Wenn ich aufgeregt bin oder nervös, zeigt mir das die Haut an, wenn es dem Geist zu viel wird mit den vielen Flugreisen, dann wird der Körper krank, und wenn ich müde bin, verletzte ich mich schneller.[40]
>
> [Britta Heidemann]

Äußere und innere Stressquellen

Dabei müssen Sie zwischen äußeren und inneren Stressquellen unterscheiden.

Äußere Stressquellen stürmen von außen auf Sie ein. Dazu gehören:

▶ zu viel Hektik

▶ zu viel Lärm

---

[40] Heidemann, Britta: Erfolg ist eine Frage der Haltung, S. 48

▶ zu viele Informationen

Innere Stressquellen erzeugen wir selbst, von innen heraus. Dies geschieht aufgrund ungünstiger Bewertungen wie

▶ „Ich schaffe das nicht!"

▶ „Was man von mir alles verlangt!"

▶ „Was ist, wenn ich durch die Prüfung falle?" usw.

🛈 Denken Sie daran:
Stress entsteht in der Regel durch Ihre eigene Bewertung!

> Angespannt, nervös, nicht ganz sicher, ob es funktioniert?
> Damit umzugehen, das müssen wir lernen.[41]
>
> **[Jürgen Klopp]**

Über die Bewertung von Situationen und das Entstehen von Verhaltensmustern wurde bereits gesprochen. Verhaltensmuster aufgrund negativer Bewertungen lösen also unter Umständen ständig Stressalarm aus. Ihr Unterbewusstsein überprüft nicht die Richtigkeit der Bewertung, sondern spult das entsprechende Programm ab. So kann es passieren, dass Sie aufgrund einer einmal gemachten Bewertung immer wieder in einen Stresszustand geraten.

Angst – ein Teufelskreis

Wenn Sie sich beispielsweise aufgrund einer nicht bestandenen Prüfung für einen schlechten Lerner halten, setzen Sie sich immer wieder größtem Stress aus. Sobald Sie an die Prüfung denken, verspüren Sie verstärkt Stresssymptome wie Übelkeit,

---

[41] Feldner, Claus: Jürgen Klopp - Kleine Geschichte eines außergewöhnlichen Fußballtrainers, S. 68

Kopfschmerzen, Konzentrationsstörungen usw. Sie fühlen sich krank und verzweifelt. Aus diesen Symptomen folgern Sie, dass diese Situation tatsächlich gefährlich ist. Sie sehen die Angst als Warnung, dass bald etwas Schreckliches geschehen wird. Diese Vorstellung erzeugt noch mehr Angst, und je ängstlicher Sie werden, desto stärker werden die Symptome. Je stärker die Symptome, desto mehr wird Ihre Angst genährt. Sie sind in einem Kreislauf gefangen. Es entsteht Dauerstress. Dieser Prozess findet sowohl auf der unbewussten als auch auf der bewussten Ebene statt.

❗ Denken Sie daran:

Ihre eigene Bewertung ist ausschlaggebend, ob Sie Angst empfinden!

Versuche herauszufinden, wo das Zentrum deiner
Nervosität liegt, woher dieses Gefühl kommt.[42]

[Muhammad Ali]

Aus unserem Seminaralltag

Damit Ihnen vollkommen klar wird, was alles zu einem Stressalarm führen kann, hier noch einige Beispiele:

Unsere Teilnehmerin Jeannette war Krankenschwester. Sie machte zusätzlich eine Ausbildung als Hebamme. Ihr Alltag war hart, denn sie musste den ganzen Tag arbeiten und trotzdem nebenbei noch für die Prüfung lernen. So war es durchaus verständlich, dass sie eine Bewertung gebildet hatte: „Das kann man nicht schaffen!" Diese Bewertung löste automatisch Stressalarm aus. Sie litt unter Konzentrationsstörungen und Aggressivität.

---

[42] Ali, Muhammad/Durham, Richard: Der Größte, S. 352

Wir hatten eine Teilnehmerin namens Nina, die unter akuten Panikattacken litt. Bei der Stress-Bestandsaufnahme kam heraus, dass die Teilnehmerin in den letzten Wochen als Getränk lediglich Kaffee und Cola zu sich genommen hatte, um wach zu bleiben. Es ist logisch, dass der Körper dadurch in einen akuten Notzustand geriet.

Der Körper benötigt nun einmal ausreichend Flüssigkeit, um zu funktionieren. Fehlt die Flüssigkeit, wird das Blut dickflüssig, der Kreislauf gerät außer Kontrolle, die Denkfähigkeit lässt nach, die Organe werden nicht mehr richtig versorgt. Allerdings benötigt der Körper die richtigen Getränke, wie Wasser, Säfte, Früchtetees u. Ä. Im Fall der Teilnehmerin Nina wehrte sich ihr Unterbewusstsein – es wurde Stressalarm ausgelöst.

> Jetzt wird sicher klar, warum Wasser unser wichtigstes Nahrungsmittel ist – die Quelle unseres Lebens.[43]
>
> [Katarina Witt]

Persönliches Stressmanagement: die praktische Umsetzung

Sie sehen also, wie wichtig es ist, die Funktionsweise Ihres Körpers und Ihrer Psyche zu kennen. Genau wie im Sport, sind beide Anteile gleich wichtig. Dauerhafter Erfolg ist nur machbar, wenn das persönliche Management in Bezug auf die mentale und körperliche Seite ernst genommen wird.

---

[43] Witt, Katarina: Gesund und fit mit Kati Witt, S. 119

Wenn man mental nicht bei der Sache ist, ist es schwierig, sich körperlich fit zu halten. Umgekehrt ist es genauso: Wenn man körperlich nicht fit ist, kann der Kopf noch so wollen, dann ist der Schritt einfach zu langsam. Körper und Kopf – beides spielt in unserem Beruf zusammen.[44]

[Dirk Nowitzki]

Stressmanagement: Wie Spitzensportler mit Stress umgehen

Es ist einleuchtend, dass ein Spitzensportler nur Höchstleistung erzielen kann, wenn es ihm gelingt, sein Stressmanagement in den Griff zu bekommen. Da der Sportler einer Vielzahl von Aufgaben und Herausforderungen gegenübersteht, geht er auch hier ganz systematisch vor. In einem ersten Schritt wird er eine Analyse seiner Lebenssituation vornehmen. Er wirft einen kritischen Blick auf seine einzelnen Lebensbereiche, wie den Sport, die Familie und die Freizeit. Er listet alles auf, was ihn nervt, aufregt, überfordert, aber auch langweilt und eventuell unterfordert. Bei dieser Analyse geht er sehr akribisch vor, denn nur was er erkennt und sich bewusst macht, kann er verändern.

Ich denke, je bereiter man ist, an sich selbst zu arbeiten, umso besser wird man in allem sein.[45]

[Kelly Slater]

---

[44] Nowitzki, Dirk: Nowitzki, S. 251
[45] Slater, Kelly, with Jarrat, Phil: For The Love, S. 186

Der Sportler kennt also seine Stressbereiche. Für Sie ist eine solche Stressquellenanalyse ebenfalls von entscheidender Bedeutung. Nur wenn Sie sich bewusst machen, was Sie stört und aufregt, können Sie eine Veränderung vornehmen.

> Eine klare Analyse trägt dazu bei, gute
> Entscheidungen für die Zukunft zu treffen.[46]
>
> [Britta Heidemann]

Stressquellen-Analyse

Im Bereich des Spitzensports werden sich diese Erkenntnisse zu Nutze gemacht. Die äußeren, wie auch die inneren Stressquellen werden analysiert und es wird alles daran gesetzt, Abhilfe zu schaffen. Der Sportler wird alles dafür tun, um die bestmöglichen Voraussetzungen für sich zu schaffen.

Aufgabe 1
Arbeitsbogen Nr. 1:
Bestandsaufnahme der eigenen Stressquellen

 Beschäftigen Sie sich nun mit Arbeitsbogen Nr. 1 auf Seite 207. Lassen Sie sich Zeit für diese persönliche Analyse. Werfen Sie, genau wie der Sportler, einen Blick auf die Bereiche Schule/Ausbildung/Studium, Familie/Freunde und Freizeit. Schreiben Sie auf, was Sie ärgert, überfordert, wütend oder traurig macht, aber auch, was Sie langweilt und vielleicht unterfordert.

***

---

[46] Heidemann, Britta: Erfolg ist eine Frage der Haltung, S. 211

Dieser Arbeitsbogen ist für Sie von ausschlaggebender Bedeutung. Er bildet die Grundlage für Ihren Erfolg. Nur wer ein Problem erkennt, kann daran arbeiten. Nachdem Sie Ihre Stressquellen nun kennen, können Sie beginnen, an einem neuen Konzept zu arbeiten. Natürlich ist es zunächst einmal unangenehm, sich die eigenen Stressquellen vor Augen zu führen. Doch ist diese persönliche Analyse ein ganz entscheidender Punkt. Von nun an geht es an die Verbesserung dieser stressgeladenen Bereiche.

> Es kann sich also auszahlen, sich ab und zu durch unangenehme Dinge durchzukämpfen.[47]

[Britta Heidemann]

Der erfolgreiche Sportler...

▶ ... weiß, wie Körper und Geist funktionieren!

▶ ... analysiert seine Stressquellen!

▶ ... macht sich seinen Einflussbereich bewusst!

> ... die einzige Person, um die ich mich sorgen kann, bin ich selbst. Ich kann mich nur so gut es geht vorbereiten, das ist alles, was ich beeinflussen kann.[48]

[Michael Phelps]

---

[47] ebd., S. 31

[48] Phelps, Michael, with Abrahamson, Alan: No Limits - The Will To Succeed, S. 88

Ihr Einflussbereich – Handeln statt Jammern

Das *Modell des Einflussbereichs*[49] ist eine erste hilfreiche Maßnahme, um eine Reihe von Stressquellen zu mindern. Das folgende Modell veranschaulicht auf einfache Weise, auf welche Bereiche Sie ihren Fokus legen sollten.

Nehmen Sie zum Beispiel an, nach der Lektüre dieses Buches sind Sie vom Lerntrainingsplan, den Sie zu einem späteren Zeitpunkt kennenlernen, überzeugt. Wenn Sie nach diesem Plan lernen, wird sich schon nach kurzer Zeit ein sehr gutes Gefühl bei Ihnen einstellen. Sie sind ins HANDELN gekommen. Immer dann, wenn Sie sich in einem Bereich befinden, in dem Sie handeln oder etwas machen können, fühlen Sie sich gut. Sie haben alles im Griff und sind sprichwörtlich der „Herr im Haus".

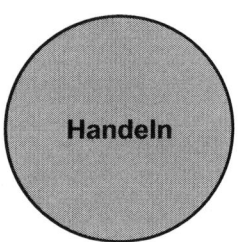

Ihr Stresslevel ist jetzt auf einem guten mittleren Niveau. Dies macht sich dadurch bemerkbar, dass Sie voller Tatendrang und hochkonzentriert sind.

Nun steht Ihre Prüfung unmittelbar bevor. Selbstverständlich steigt Ihr Stresslevel jetzt an. Sie haben sich zwar optimal vorbereitet, doch ob die Prüfung tatsächlich gut verlaufen wird, das können Sie nur noch mäßig BEEINFLUSSEN.

---

[49] U.a. gesehen bei Covey, Stephan R.: Circle Of Influence

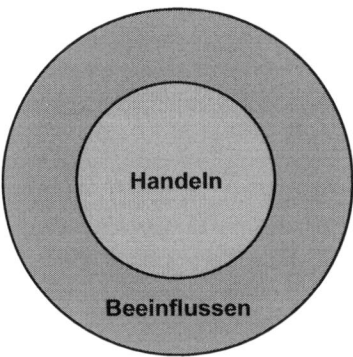

Wenn es sich z. B. um eine mündliche Prüfung handelt, können Sie noch auf Ihre Kleidung, Ihre Mimik, Ihre Körperhaltung achten. Sie können sich um die Konzentration auf den Prüfer bemühen, aber alles andere hängt nun von Unabwägbarkeiten ab. Die Unsicherheit wächst.

Jetzt beginnt die Prüfung. Logischerweise steigt nun Ihr Stresslevel rapide an, da Ihr Handlungsspielraum extrem eingeschränkt ist. Sie sind von den Fragen und dem Wohlwollen des Prüfers abhängig. Unter Umständen können Sie WEDER HANDELN NOCH BEEINFLUSSEN. Sie fühlen sich unsicher, teilweise hilflos.

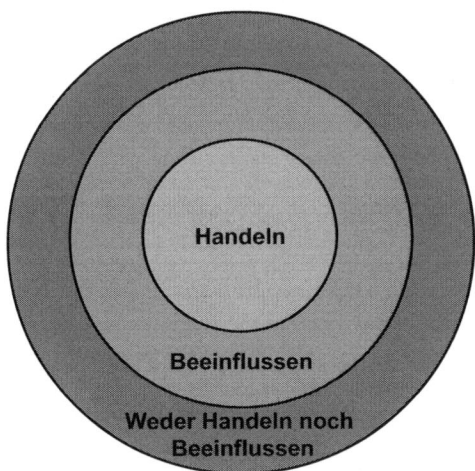

Die typische Reaktion auf Unsicherheit und Hilflosigkeit liegt im Jammern. Vor allem dann, wenn etwas nicht so läuft, wie Sie es eigentlich geplant oder sich gewünscht haben. Im Falle einer unerfreulichen Prüfung könnte ein solches „Jammern" wie folgt aussehen:

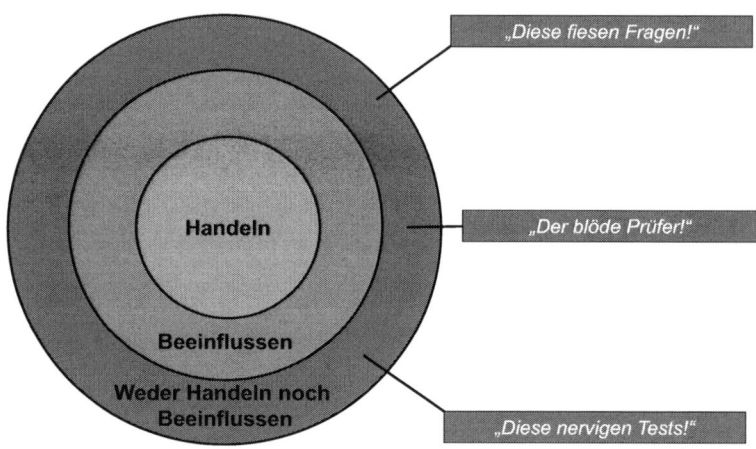

Psychologisch begründet ist diese Reaktion des Jammerns in der Kindheit. Wenn das Kind jammert, also hilflos ist, kommen die Eltern zu Hilfe. Diese Schublade öffnet der Mensch oft unbewusst in schwierigen Situationen. Leider hat dieses Jammern im späteren Leben selten zur Folge, dass irgendeine Hilfestellung erfolgt. Ganz im Gegenteil – durch das Jammern wird das Unterbewusstsein aufgefordert, umgehend Schadensbegrenzung vorzunehmen. Die Folge ist ein erhöhter Stressalarm. Was im Falle von Stressalarm alles passiert, wissen Sie nun bereits. Es werden Stresshormone ausgeschüttet, die den Körper sinnvoll mit dieser „Gefahr" umgehen lassen wollen: Die Darmtätigkeit wird reduziert, die Rückenmuskulatur ist angespannt usw. Es geht also aufgrund des Jammerns, oder besser gesagt dieser reaktiven Bewertung, immer weiter bergab.

> Wenn du dich wie ein Opfer fühlst, hast du keine Kontrolle über die Situation und dann wird es erst richtig schlecht. Ich musste hart arbeiten, um nicht loszuweinen oder zu jammern...[50]

[Venus Williams]

Wie Sportler ihren Einflussbereich nutzen

Für den Spitzensportler ist es natürlich undenkbar, dass er sich während des Trainings, vor oder während des Wettkampfes gedanklich in diesem äußeren Bereich aufhält. Er weiß, dass Jammern ihn unter Stress setzen wird und dass er mit erhöhtem Stressalarm keine Spitzenleistungen abrufen kann.

> Versuchen Sie, sich den unnötigen Stress und Ärger zu ersparen, der entsteht, wenn Sie sich zu sehr mit den äußeren Umständen beschäftigen, die Sie sowieso nicht verändern können...[51]

[Britta Heidemann]

---

[50] Williams, Venus & Serena, with Beard, Hilary: Venus & Serena - Serving From The Hip, S. 119

[51] Heidemann, Britta: Erfolg ist eine Frage der Haltung, S. 66

Bodenpunkte versus Standpunkte

Das Ziel eines jeden Spitzensportlers ist der Erfolg bzw., dass er seine Höchstleistung punktgenau abrufen kann. Deshalb macht sich der Sportler zunächst einmal den Unterschied zwischen Boden- und Standpunkten[52] klar. Aber was sind Boden- und Standpunkte überhaupt?

Standpunkte

Standpunkte sind individuelle Meinungen. Sie sind veränderbar und von Person zu Person verschieden. Während dem einen also etwas gefällt, braucht dies nicht auf einen anderen zuzutreffen.

▶ Meine Mitschüler oder Kommilitonen sind nett!

▶ Ich finde diese Fragen total schwer!

▶ Ich mag den Prüfer nicht!

Bodenpunkte

Im Gegensatz zu den Standpunkten stehen die Bodenpunkte. Bei den Bodenpunkten handelt es sich um Regeln, Gesetze und Fakten, z. B.

▶ die Schul-, Ausbildungs- oder Studienordnung

▶ die Prüfungsfragen

▶ die Prüfer

Bodenpunkte sind **nicht** veränderbar. Sie sind fest im Boden verankert und können nicht beeinflusst werden. Es ist also müßig, Energie in Bodenpunkte zu vergeuden. Jammern nützt ab-

---

[52]   U.a. gesehen bei Labaek, Anette

solut nichts. Dadurch wird rein gar nichts verändert. Im Gegenteil, die Situation wird verschärft, der Stressalarm erhöht.

Sie können unabänderliche Tatsachen akzeptieren, oder aber ständig gegen Windmühlen ankämpfen.[53]

[Katarina Witt]

Der Spitzensportler wird nicht ins Jammern verfallen. Er weiß ganz klar zwischen Boden- und Standpunkten zu unterscheiden. Während er Bodenpunkte sofort akzeptiert und keine weitere Energie an sie verschwendet, wird er sich darum bemühen, möglichst nahe an den Handlungsbereich heranzukommen. Er schaut, wo er handeln oder beeinflussen kann. Im Anschluss daran wird er alles tun, damit sich jede Situation so gut wie möglich für ihn darstellt.

Es hilft nicht, wenn man zu viel darüber diskutiert, entscheidender ist, die Neuerung anzunehmen und so perfekt wie möglich umzusetzen.[54]

[Sebastian Vettel]

Der perfekte Umgang mit Boden- und Standpunkten

Ertappen Sie sich also beim Jammern, dann fragen Sie sich: Ist der Grund dafür ein Boden- oder ein Standpunkt?

Handelt es sich um einen Bodenpunkt, dann gilt es, ihn zu akzeptieren: Es ist, wie es ist!

So isses' eben.[55]

[Katarina Witt]

---

[53] Witt, Katarina: Gesund und Fit mit Kati Witt, S.127
[54] Vettel, Sebastian: Tagebuch auf www.sebastianvettel.de, Eintrag Samstag 25. Juni 2011
[55] Witt, Katarina: Zwischen Pflicht und Kür, S.23

Ist der Grund für Ihr Gejammer allerdings ein Standpunkt, dann überlegen Sie sich, wo und wie Sie handeln oder die Situation beeinflussen können!

> ... Was muss ich hinnehmen? Wie gehe ich mit der Situation um, damit am Ende ein möglichst positives Ergebnis herauskommt.[56]
>
> [Britta Heidemann]

❗ Denken Sie daran:

Bodenpunkte gilt es zu akzeptieren: Es ist, wie es ist!
Standpunkte: Sie können handeln oder beeinflussen!

> Du kannst nicht kontrollieren, was andere Menschen tun oder sagen. Also verlasse diesen Bereich und konzentriere dich auf deine persönliche Bestleistung.[57]
>
> [Venus Williams]

Aufgabe 2
Arbeitsbogen Nr. 2:
Ihre Bodenpunkte-Stressquellen

 Beschäftigen Sie sich nun mit Arbeitsbogen Nr. 2 auf Seite 210. Schauen Sie nochmals auf die Stressquellen, die Sie in Arbeitsbogen Nr. 1 aufgelistet haben. Bei welchen Ihrer Stressquellen handelt es sich um Bodenpunkte?

***

---

[56] Heidemann, Britta: Erfolg ist eine Frage der Haltung, S. 128

[57] Williams, Venus & Serena, with Beard, Hilary: Venus & Serena - Serving From The Hip, S. 37

In der Ruhe liegt die Kraft:
Entspannen Sie sich

Sie haben sich nun intensiv mit Ihren Stressquellen beschäftigt. Vielleicht sind Sie bereits zu der Erkenntnis gelangt, dass Sie sich sehr oft über Dinge aufregen, die Sie gar nicht ändern können. Dies ist ein wichtiger Schritt, denn Sie sollten Ihr persönliches Management sehr ernst nehmen. Es gilt, die eigenen Emotionen mehr und mehr zu steuern, damit Sie ruhig und gelassen an das ‚Unternehmen Prüfung' herangehen können.

> Mein Job ist es, mich darauf zu konzentrieren, die
> beste Serena zu sein, die ich sein kann ...[58]

[Serena Williams]

Viele Stressquellen wie Lärm, Verkehr, Prüfungstermine, Lernen, Mitschüler etc. müssen Sie also als Bodenpunkte anerkennen – Es ist, wie es ist! Beim Umgang mit diesen Bodenpunkt-Stressquellen können Ihnen oft Entspannungstechniken helfen.

Sportler achten im besonderen Maße auf ihr Entspannungskonzept. Nur ein entspannter Körper ist in der Lage, Höchstleistungen zu erbringen. Erfolgreiche Sportler beherrschen deswegen Entspannungstechniken, die sie regelmäßig anwenden.

> In der Ruhe liegt die Kraft - auch am Ende der Saison.[59]

[Sebastian Vettel]

Auch für Sie ist das Entspannungstraining ein wichtiger Baustein bei der Prüfungsvorbereitung. Prüfungen sind nun einmal aufregend, da führt kein Weg daran vorbei. Sie müssen stundenlang lernen, denn schließlich wird ja Ihr Leistungsstand ab-

---

[58]   ebd., S. 53

[59]   Vettel, Sebastian: Tagebuch auf www.sebastianvettel.de, Eintrag Freitag 23. November 2012

gefragt – da ist es normal, dass Ihr Körper mit Stresssymptomen reagiert. Wichtig ist nur, dass Sie Ihr Stressempfinden im Griff behalten, dass Sie Herr der Lage bleiben.

Ein kühler Kopf kann der Schlüssel zum Erfolg sein.[60]

[Sebastian Vettel]

Es ist deshalb sinnvoll, eine Entspannungsmethode zur Hand zu haben, auf die Sie immer zurückgreifen können. Am Ende des Buches stellen wir Ihnen mehrere Entspannungs- und Atemtechniken vor. Suchen Sie sich die Methode aus, die am besten zu Ihnen passt, und bauen Sie diese Entspannungselemente dann in Ihr tägliches Leben ein. Nehmen Sie die Entspannungsübungen ernst. Mit Entspannung können Sie in Ihrem Leben wirklich etwas verändern! Ihr Unterbewusstsein wird mit gezielten Entspannungsformeln dazu gebracht, mit Ruhe zu reagieren. Dadurch entspannt sich ihr gesamter Organismus.

❗ Denken Sie daran:

Entspannungsübungen bewirken sehr viel – vorausgesetzt, Sie führen sie täglich durch!

Normalerweise bin ich, nachdem ich aus dem Wasser komme, total erschöpft. Ich schlafe wie ein Stein und man könnte mir eine Goldmedaille für Power Napping geben.[61]

[Michael Phelps]

---

[60] Vettel, Sebastian: Tagebuch auf www.sebastianvettel.de, Eintrag Samstag 17. November 2012

[61] Phelps, Michael, with Cazeneuve, Brian: Beneath The Surface, S.4

Verhaltensänderung –
Der optimale Weg zum Ziel

Die meisten Stressquellen entstehen jedoch durch die eigene Bewertung: Sie stufen eine Anforderung als bedrohlich, gefährlich oder nicht machbar ein, dadurch kommt es zum Stressalarm – auch wenn die tatsächliche Gefahr gar nicht so groß ist. Es handelt sich dabei also um Standpunkt-Stressquellen, die Sie durch eine neue und bessere Bewertung verändern können.

> Die Dinge sind meistens gar nicht so schlimm,
> wie wir sie uns immer vorstellen[62]
>
> [Venus Williams]

Schweinehund und Co. –
der Innere Dialog

Damit Sie die Stressquellen, die durch Ihre persönlichen Standpunkte entstehen, optimal bearbeiten können, sollten Sie sich nochmals einige Fakten menschlichen Verhaltens bewusst machen.

---

[62] Williams, Venus & Serena, with Beard, Hilary: Venus & Serena - Serving From The Hip, S. 114

Ihr Innerer Dialog

Wie bereits erwähnt, führen Sie ständig einen inneren Dialog mit sich selbst. Dabei unterhalten Sie sich unentwegt mit Ihren verschiedenen Anteilen, denn jeder Mensch vereint verschiedene Aspekte in sich. Da gibt es in jedem von uns den Starken, den Schwachen, den Mutigen, den Feigen, den Fleißigen, den Faulen, den Kämpfer, den Jammerer, den Klugen, den Dummen, den Guten und den Bösen. Je nach Situation, aber auch durch Erziehung, Erfahrung und Lebensumstände haben bestimmte Anteile die Vormachtstellung und deren Bewertung setzt sich durch.

> Im Dialog mit Katarina, der Verletzten, hat Katarina, die Vernünftige, gewonnen.[63]
>
> [Katarina Witt]

Der „Innere Schweinehund"

Leider ist es oft so, dass die schwachen, faulen und feigen Anteile in uns Oberhand gewinnen. Ist dies der Fall, sagen viele Menschen, dass der „Innere Schweinehund" dafür die Verantwortung trägt. Mit dieser humorvollen Versinnbildlichung des „Inneren Schweinehunds", die es übrigens nur in deutschsprachigen Ländern gibt, kann der Vorgang eines inneren Dialoges allerdings sehr gut vor Augen geführt werden.

Eigentlich ist der „Innere Schweinehund" nicht schlecht für Sie. Er möchte Sie vor Überlastung und Stress bewahren. Das Dumme an diesem inneren Gesellen ist jedoch, das er sich *immer* dann meldet, wenn Sie vor Herausforderungen oder eher

---

[63] Witt, Katarina: Zwischen Pflicht und Kür, S.21

unangenehmen Dingen stehen. Er mag es gerne gemütlich und hasst jegliche Veränderung. Herausforderungen und Anstrengungen sind ihm absolut zuwider.

„Innere Schweinehund"-Argumente

Der „Innere Schweinehund" hat es in sich. Er arbeitet mit ausgefeilten Tricks. Immer, wenn Sie sich aufraffen wollen, endlich mal ins Handeln zu kommen, suggeriert er Ihnen schlagkräftige Argumente, wie

▶ „Ich habe ja noch Zeit!"

▶ „Ich habe keine Lust!"

▶ „Was soll das Ganze?"

▶ „Lass morgen mit allem anfangen!"

Sie kämpfen mit einem Gegner, der sehr stark sein kann. Der Gegner ist zwar unsichtbar, aber allgegenwärtig und bekannt unter dem schönen Namen innerer Schweinehund. Er flüstert Ihnen viele Ausreden ins Ohr.[64]

[Katarina Witt]

Leider ergeben sich die meisten Menschen nur gar zu schnell den „Inneren Schweinehund-Argumenten". Und schon ist das Buch zugeklappt und das Vorhaben, etwas zu lernen, ein weiteres Mal aufgeschoben. Bisher hat es ja auch immer so funktioniert.

Man hat nicht immer Lust, aber man muss sich überwinden. Es lohnt sich nämlich, nachher den Stolz zu empfinden, durchgehalten zu haben.[65]

[Britta Heidemann]

... die eine Sache, die bei allen erfolgreichen Menschen gleich ist: Sie machen sich Dinge zur Gewohnheit, die erfolglose Menschen nicht gerne erledigen. ... mach es dir zur Gewohnheit, Dinge zu erledigen, die andere nicht erledigen wollen.[66]

[Michael Phelps]

Der „Innere Kampfhund"®

Es gibt allerdings noch einen weiteren inneren Gesellen, der viel Schaden anrichten kann. In unseren Seminaren nennen wir ihn den „Inneren Kampfhund"®.

---

[64] Witt, Katarina: Gesund und Fit mit Kati Witt, S.58

[65] Heidemann, Britta: Erfolg ist eine Frage der Haltung, S. 35

[66] Phelps, Michael, with Abrahamson, Alan: No Limits - The Will To Succeed, S. 108

Dieser Bursche ist das Gegenteil vom „Inneren Schweinehund". Er ist ebenso eine Versinnbildlichung von gewissen zuvor besprochenen Anteilen in uns selbst. Die Aufgabe des „Inneren Kampfundes"® ist eigentlich, für den richtigen Antrieb und die Motivation zu sorgen. Diese Aufgabe nimmt er allerdings sehr ernst. Er ist humorlos und sieht in vielen Dingen ein Problem. Seine Charaktereigenschaften lassen sich sehr gut mit Überaktionismus und Perfektionismus beschreiben. Ganz nach Kampfhund-Manier verbeißt er sich gern in Probleme. Er ist nie mit etwas zufrieden.

> Ich machte mir selbst so viel Druck, dass es mich davon abhielt, frei zu surfen.[67]
>
> **[Kelly Slater]**

---

[67]   Slater, Kelly, with Borte Jason: Pipe Dreams, S.111

„Innere Kampfhund"®-Argumente

Der „Innere Kampfhund"® arbeitet ähnlich wie der „Innere Schweinehund" – auch er suggeriert Ihnen ganz subtil seine Meinung. Sie stecken mitten in der Prüfungsvorbereitung und haben schon stundenlang gelernt, dennoch kommt der „Innere Kampfhund"® mit Argumenten wie:

▶ „Was wäre, wenn es schief geht?"

▶ „Ich habe so viele Lücken!"

▶ „Das ist längst noch nicht genug!"

▶ „Pausen kann ich mir nicht erlauben!"

Leider richtet der „Innere Kampfhund"® oft noch mehr Schaden an als der „Innere Schweinehund". Er versetzt Sie permanent in Stressalarm. Da der „Innere Kampfhund"® nur problemorientiert arbeitet, treibt er Sie zwar zu Höchstleistungen an, doch diese Höchstleistungen müssen teuer bezahlt werden – denn Dauerstress macht Sie krank!

> Immer nur verbissen weiterzumachen, endet mit ziemlicher Sicherheit entweder im Burnout, oder in einer dauerhaften Unzufriedenheit, weil man den eigenen Ansprüchen im ausgepowerten Zustand nicht mehr gerecht werden kann.[68]

> [Britta Heidemann]

❶ Denken Sie daran:
Der „Innere Schweinehund" und der „Innere Kampfhund"® können einerseits viel Schaden anrichten, uns aber auch zum Erfolg verhelfen! Da sie uns sowohl schützen als auch antreiben, ist es oft schwierig, sie richtig zu „erziehen".

> Es geht nur um die richtige Balance.[69]

> [Kelly Slater]

---

[68] Heidemann, Britta: Erfolg ist eine Frage der Haltung, S. 229

[69] Slater, Kelly, with Jarrat, Phil: For The Love, S. 80

Aufgabe 3
Arbeitsbogen Nr. 3:
Aufspüren des inneren Dialoges

 Beschäftigen Sie sich nun mit Arbeitsbogen Nr. 3 auf Seite 211. Sie finden auf diesem Arbeitsbogen Nr. 3 eine Vielzahl von „Inneren Schweinehund"- und „Inneren Kampfhund"®-Argumenten. Welche Aussagen kommen Ihnen sehr bekannt vor?

***

Sie wissen nun, ob Sie eher vom „Inneren Schweinehund" aufgehalten oder vom „Inneren Kampfhund"® unentwegt angetrieben werden. Jetzt wissen Sie auch, mit welchen Sprüchen sich Ihr „Innerer Kampf-" oder „Schweinehund" bei Ihnen zu Wort melden. Werden Sie aufmerksam, wenn Sie sich bei entsprechenden Aussagen ertappen.

Es ist klar, dass ein erfolgreicher Leistungssportler weder zu der reinen „Innerer Schweinehund"-Gruppe noch zur reinen „Innerer Kampfhund"-Gruppe gehören darf. Ein Sportler, der sich vom „Inneren Schweinehund" steuern ließe, wäre allenfalls ein Hobbysportler, wahrscheinlich noch nicht einmal das.

Doch ein erfolgreicher Sportler kann auch nicht nur vom „Inneren Kampfhund"® gesteuert sein, denn dann würde er sich unter einen zu hohen Druck setzen. Das zwangsläufige Resultat wäre Dauerstress – und Dauerstress blockiert Spitzenleistung.

… ich lernte, mich selbst zu beruhigen.[70]

[Michael Phelps]

Es war ein langer Prozess, bis ich lernte, dass in der Ruhe Kraft liegt.[71]

[Britta Heidemann]

---

[70] Phelps, Michael, with Cazeneuve, Brian: Beneath The Surface, S.152

[71] Heidemann, Britta: Erfolg ist eine Frage der Haltung, S. 87

Der Spitzensportler achtet also darauf, dass sowohl der „Innere Schweinehund" als auch der „Innere Kampfhund"® jeweils zu ihrem Recht kommen. Er muss sozusagen dafür sorgen, dass diese beiden „Inneren Haustieren" in friedlicher Koexistenz leben. Während der „Innere Schweinehund" also für Pausen, Leichtigkeit und Humor verantwortlich ist, sorgt der „Innere Kampfhund"® für den Antrieb, das Durchhaltevermögen, den Kampfgeist und den Ehrgeiz. Nur in der ausgewogenen Kooperation dieser beiden inneren Gesellen kann Höchstleistung entstehen.

❗ Denken Sie daran:

Der „Innere Schweinehund" steht für Ihre Unlust.
Der „Innere Kampfhund"® steht für Ihre Angst.
Unlust und Angst sind Ihre Erfolgskiller Nummer 1.

> Wie immer im Leben kommt es auf ein gesundes Gleichgewicht an: auf ein ausgewogenes Verhältnis zwischen Arbeit und Muße, zwischen Anspannung und Entspannung.[72]

> [Katarina Witt]

Wenn Sie Ihre Prüfung gezielt angehen wollen, dann gilt: Den

▶ „Inneren Schweinehund" und „Inneren Kampfhund"® aufspüren.

▶ „Inneren Schweinehund" und „Inneren Kampfhund"® überprüfen. Will er Sie schützen oder antreiben?

▶ „Inneren Schweinehund" und „Inneren Kampfhund"® an die Leine nehmen und Ihre Prüfung optimal angehen.

> ... ich ruhe mich aus und entspanne, weil ich weiß, dass die harte Arbeit getan ist und nun der schöne Teil, die Anspannung des Wettkampfs, vor mir liegt.[73]

> [Michael Phelps]

---

[72] Witt, Katarina: Gesund und Fit mit Kati Witt, S.124
[73] Phelps, Michael, with Cazeneuve, Brian: Beneath The Surface, S.3

Damit Sie auf Dauer erfolgreich sein können, ist es also wichtig, Ihre inneren Dialoge ganz bewusst zu steuern. Wir möchten Sie dazu bringen, immer öfter darauf zu achten, mit welchen inneren Bewertungen Sie ihre Aufgaben erledigen. Dies ist zunächst schwierig, aber wie Sie an den Beispielen der Sportler gut erkennen können, durchaus machbar.

> Sich im Gefecht durchzubeißen und gegen den inneren
> Widerstand anzukommen, ist eine Kunst für sich.[74]
>
> **[Britta Heidemann]**

Der erfolgreiche Sportler ist sich bewusst, dass negative innere Dialoge negative Ergebnisse hervorbringen. Er achtet deshalb ganz genau auf seine inneren Dialoge. So wird er seine Bewertungen in Bezug auf

▶ seine Person,

▶ seine Fähigkeiten,

▶ seine Erfolgsaussichten

immer aufspüren, hinterfragen und bei Bedarf positiv umformulieren. Er kommt sich also zunächst selbst auf die Schliche und analysiert selbstkritisch die eigenen Gedanken.

> Ich hinterfrage absolut alles. Ich betrachte alles aus allen Winkeln und
> versuche so, die Dinge aus verschiedenen Perspektiven zu sehen.[75]
>
> **[Kelly Slater]**

---

[74] Heidemann, Britta: Erfolg ist eine Frage der Haltung, S. 143

[75] Slater, Kelly, with Jarrat, Phil: For The Love, S. 156

**Aufgabe 4
Arbeitsbogen Nr. 4:
Entstehung von Verhaltensmustern**

 Beschäftigen Sie sich nun mit Arbeitsbogen Nr. 4 auf Seite 214. Versetzen Sie sich in die entsprechende Situation: Was denken Sie in Bezug auf die Prüfung, in Bezug auf Ihre Lern- und Konzentrationsfähigkeit, in Bezug auf Ihre eigene Person? Spüren Sie alle negativen inneren Dialoge auf.

***

Sie haben sich nun Ihren inneren Dialog bewusst gemacht. Sie haben auch erkannt, welche Emotionen dadurch hervorgerufen werden. Es kann sein, dass Sie sich jetzt schlecht fühlen. Das ist ganz natürlich. Dieser Arbeitsbogen hat Sie ja förmlich auf diesen negativen Bereich aufmerksam gemacht. Aber gedulden Sie sich noch ein wenig, denn gleich wird sich einiges ändern.

Die STOPP-Technik

Der erfolgreiche Leistungssportler muss alles daransetzen, dass sein gesamter Organismus auf Knopfdruck Höchstleistung erbringt. Er braucht also kurze und schnell wirksame Mechanismen, auf die er jederzeit zurückgreifen kann. Der Spitzensportler wird deshalb jeden Gedanken an Unlust und Misserfolg sofort aufs Schärfste unterbinden – und zwar mit einem einzigen Wort: STOPP!

Dieses Wort begleitet ihn, er wird es so lange immer wieder benutzen, bis er seine Gedanken unter Kontrolle hat. Er wird eine liebevolle Strenge in Bezug auf seine inneren Dialoge anden Tag legen und genau darauf achten, wie diese Dialoge aussehen.

Rot stoppt mich und meine Gedanken.[76]

[Katarina Witt]

Dies gilt ab sofort auch für Sie:

▶ Unterbinden Sie jegliche Katastrophenideen: STOPP!

▶ Beenden Sie Unlustgedanken unverzüglich: STOPP!

▶ Seien Sie streng mit sich selbst! Sie wissen, dass alle negativen Gedanken nur in eine Sackgasse führen – also: STOPP!

Bleiben Sie aber nicht bei dem Stopp-Schild stehen, sondern ersetzen Sie die negativen Gedanken durch positive.

Du musst sie aus deinem Kopf verjagen und sie mit positiven Gedanken ersetzen.[77]

[Serena Williams]

Die Mut- und Anfeuerungssätze

Ein erfolgreicher Sportler weiß, wie wichtig positive Gedanken sind, denn sie geben ihm die nötige Kraft, um Höchstleistungen zu erbringen. Deshalb hat er sich eine Reihe von persönlichen Mut- und Anfeuerungssätzen zurechtgelegt, die er sich immer wieder aufsagt. Diese Sätze begleiten ihn auf seinem schweren Weg und feuern ihn an oder beruhigen ihn.

---

[76] Witt, Katarina: Zwischen Pflicht und Kür, S.253

[77] Williams, Venus & Serena, with Beard, Hilary: Venus & Serena - Serving From The Hip, S. 9

Ich bin der Größte!
Ich bringe die Erde zum Beben![78]

[Muhammad Ali]

Jetzt-erst-recht![79]

[Vitali Klitschko]

Ich bin komplett ausgeglichen.[80]

[Jürgen Klopp]

Ich tu' mein Bestes...[81]

[Katarina Witt]

Go, do it.[82]

[Dirk Nowitzki]

Ich kann, ich will, ich schaffe es.[83]

[Britta Heidemann]

Komm gewinn das Ding.[84]

[Kelly Slater]

---

[78] ebd., S. 75.

[79] Klitschko Vitali u. Wladimir, mit Sellin, Fred: Unter Brüdern, S. 95

[80] Feldner, Claus: Jürgen Klopp - Kleine Geschichte eines außergewöhnlichen Fußballtrainers, S. 160

[81] Witt, Katarina: Zwischen Pflicht und Kür, S.164

[82] Nowitzki, Dirk: Nowitzki, S. 39

[83] Heidemann, Britta: Erfolg ist eine Frage der Haltung, S.156

[84] Slater, Kelly, with Borte Jason: Pipe Dreams, S. 108

Aufgabe 5
Arbeitsbogen Nr. 5:
Ihre persönlichen Mut- und Anfeuerungssätze

 Auf Seite 215 können Sie sich einen oder mehrere Mut- und Anfeuerungssätze aussuchen, die zu Ihnen passen. Diese Sätze von erfolgreichen Spitzensportlern haben sich in unzähligen Wettkämpfen und langen Trainingseinheiten als sehr wirksam erwiesen.

***

Selbstverständlich können Sie für sich auch eigene Sätze kreieren. Dabei sollten Sie allerdings drei Spielregeln beachten. Ihr Mut- und Anfeuerungssatz sollte …

1. in der Gegenwart formuliert sein.
2. keine Verneinung enthalten.
3. das gewünschte Ziel klar beschreiben.

Mentales Training – das Geheimnis der Sieger

Ein Sportler perfektioniert also nicht nur seine körperlichen Fähigkeiten, sondern bereitet sich auch psychisch darauf vor, im Wettkampf sein Bestes zu geben. Er weiß, dass seine innere Stimme über Erfolg oder Misserfolg entscheiden wird. Er trainiert deshalb seinen inneren Dialog, so dass er sich selber optimal unterstützen kann. Um mit dem enormen Druck umzugehen, braucht der Spitzensportler also neben dem körperlichen auch einen mentalen Trainingsplan.

Ich habe daran gearbeitet, mental stark zu sein ... schon
Wochen vor dem Turnier sagte ich mir immer und immer
wieder, „Ich werde gewinnen. Ich werde gewinnen."[85]

[Serena Williams]

Wie mit der Kontrolle der eigenen Gedanken sogar olympisches Gold gewonnen werden kann, ist sehr schön an der Geschichte der deutschen Degenfechterin Britta Heidemann zu erkennen. In ihrer Autobiographie *Erfolg ist eine Frage der Haltung* beschreibt sie ihre gedankliche Auseinandersetzung in ihrem olympischen Finale in Peking.

Nie vorher oder nachher wurde mir so deutlich wie in diesem
Gefecht, was das Wort „Fokus" wirklich bedeutet und wie extrem
konzentriert man als Mensch sein kann. Aufgefallen ist es mir in
dem Moment, in dem ich den Fokus verloren hatte und mich durch
kontinuierliches positives Zureden – „Konzentrier dich, komm schon,
weiter jetzt" – wieder in den Zustand zurückversetzt habe.[86]

[Britta Heidemann]

Genau dieser Fokus durch das eigene positive Zureden bescherten ihr dann auch den verdienten Olympiasieg in Peking.

Blenden Sie negative Gedanken aus, konzentrieren Sie sich
auf das Positive. Ich sage häufig zu mir selbst immer die
Worte: „Ich kann, ich will, ich schaffe es." Bei bzw. vor den
Wettkämpfen rede ich quasi ständig mit mir selbst, um die
Gedanken zu steuern und in die richtige Richtung zu lenken.[87]

[Britta Heidemann]

---

[85] Williams, Venus & Serena, with Beard, Hilary: Venus & Serena - Serving From The Hip, S. 9

[86] Heidemann, Britta: Erfolg ist eine Frage der Haltung, S.154

[87] ebd., S.156

Britta Heidemann gilt als die erste Degenfechterin, die die Titel Weltmeister, Europameister und Olympiasieger zur gleichen Zeit innehatte. Dabei macht sie aus dem Geheimnis ihres Erfolges keinen Hehl. Ganz klar bezieht sie sich auf ihre mentale Einstellung und die Vorgehensweise des Austauschs von negativen mit positiven Gedanken.

> Sich selbst zu motivieren, sich auf seine Stärken zu besinnen, sich positiv zuzureden und dabei nicht in Selbstzweifel oder Selbstbeschimpfungen zu verfallen, ist für mich eines der wichtigsten Rezepte zum Erfolg. Gehen Sie bewusst mit ihrem mentalen Zustand um – Sie können ihn durch positive Selbstgespräche beeinflussen.[88]

[Britta Heidemann]

Dies gilt auch für Sie! Sie haben sich verschiedene Mut- und Anfeuerungssätze ausgesucht. Diese Sätze gilt es zu trainieren. Seien Sie dabei ausdauernd! Je öfter Sie sich diese Sätze vorsagen, desto schneller und besser wirken sie! Denken Sie dabei immer wieder an den Sportler!

Aufgabe 6
Arbeitsbogen Nr. 6: Ihre Verhaltensänderung

 Schauen Sie sich auf Seite 218 an, was passiert, wenn Sie an Stelle des bisherigen negativen Dialoges nun einen Ihrer Mut- und Anfeuerungssätze konsequent aufsagen. Wählen Sie die gleiche Situation wie in Arbeitsbogen Nr. 4.

***

---

[88] ebd., S.156

❗ Denken Sie daran:

Sie müssen Ihre Gedanken disziplinieren, um Erfolg zu haben!
Diese Erkenntnis ist ein ganz wichtiger Punkt.
Sie legt das Fundament für Ihre erfolgreiche Prüfung!

Wenn du kein gutes Fundament hast, kannst du dich schnell verlieren.[89]

[Kelly Slater]

Durch das Einüben mentaler Strategien werden Sie in der Lage sein:

▶ absolut in der Gegenwart zu bleiben,

▶ Misserfolgs- oder Unlustgedankengedanken auszublenden,

▶ eine Siegermentalität zu mobilisieren

▶ Konzentration punktgenau einzusetzen

❗ Denken Sie daran:

Wenn Sie das mentale Training ernst nehmen, werden Sie mit Höchstleistung und Erfolg belohnt!

Ich bin keiner, der vor Selbstbewusstsein strotzt, mein Selbstvertrauen musste ich mir erst hart erarbeiten.[90]

[Dirk Nowitzki]

Aufspüren der negativen Dialoge

Damit Sie sich dauerhaft positiv beeinflussen können, ist es wichtig, dass Sie, genau wie der Sportler, Ihren negativen Dialogen immer wieder auf die Schliche kommen. Beobachten Sie

---

[89] Slater, Kelly, with Borte Jason: Pipe Dreams, S. 150

[90] Nowitzki, Dirk: Nowitzki, S. 164

sich deshalb über einen längeren Zeitraum und halten Sie die negativen Bewertungen schriftlich fest.

Fragen Sie sich immer wieder: „Sind diese Gedanken hilfreich für mich? Bringen sie mich weiter oder blockieren sie mich?"

Der erfolgreiche Sportler nutzt jede Gelegenheit, um seine mentalen Strategien zu verinnerlichen.

> Die gedankliche Einstellung auf eine wichtige Situation und die Beschäftigung damit im Vorfeld sind von enormer Bedeutung für den späteren Erfolg.[91]
>
> [Britta Heidemann]

❗ Denken Sie daran:
Negative Gedanken erzeugen negative Energie – positive Gedanken erzeugen positive Energie!

> ... positives Denken hat nichts mit dieser Alles-wird-gut-Mentalität zu tun. Es bedeutet viel mehr: Ich denke produktiv. Ich schaue nach vorne. Ich suche nach Lösungen, wie ich meine Ziele erreichen kann.[92]
>
> [Katarina Witt]

Aufgabe 7

Schreiben Sie mit einem dicken schwarzen Stift Ihre Mut- und Anfeuerungssätze auf Karteikarten. Verteilen Sie diese Karten in Ihrer Wohnung. Hängen Sie sie so auf, dass Sie immer wieder mit ihnen konfrontiert werden. Die Sätze sollen Ihnen in Fleisch und Blut übergehen.

Tun Sie diese Übung nicht als Firlefanz ab! Es ist wichtig, dass Sie den Sinn dieser Maßnahme verstehen: Durch diese

---

[91]   Heidemann, Britta: Erfolg ist eine Frage der Haltung, S.149
[92]   Witt, Katarina: Gesund und Fit mit Kati Witt, S. 24ff

Karten wird Ihr Unterbewusstsein mehr und mehr positiv be-einflusst!

Ich riss den Artikel heraus und klebte ihn an die Decke genau über meinem Bett. Jeden Morgen, wenn ich aufwachte, war das erste, was ich sah, dieses Foto. Jeden Morgen war dieses Foto ein Tritt in meinen Allerwertesten. Es ließ mich auf Hochtouren laufen. Es motivierte mich.[93]

[Michael Phelps]

Das Armband trägt man am Puls, man fühlt es, jeder sieht es, wir hatten zwei Sprüche für die Mannschaft drauf, einer heißt: „Wir sind stark und wollen immer gewinnen" und wir hatten einen persönlichen Spruch für jeden einzelnen Spieler.[94]

[Jürgen Klopp]

Aufgabe 8

Suchen Sie sich Ihren Favoriten aus Ihren Mut- und Anfeu-erungssätzen aus. Sagen Sie sich diesen Satz abends vor dem Einschlafen und morgens nach dem Aufwachen vor. Je öfter Sie diesen Satz wiederholen, umso stärker wird er von Ihrem Unterbewusstsein akzeptiert.

---

[93] Phelps, Michael, with Abrahamson, Alan: No Limits - The Will To Succeed, S. 194

[94] Feldner, Claus: Jürgen Klopp - Kleine Geschichte eines außergewöhnlichen Fuß-balltrainers, S. 72

Fazit:
Ihr Trainingsplan für Strategie I: Die Erkenntnis

▶ Denken Sie an den Zusammenhang von Körper und Geist. Ihre Gedanken beeinflussen Ihren Körper und Ihre Körperhaltung beeinflusst Ihr Denken.

▶ Ihr innerer Dialog, also Ihre Bewertungen, entscheiden über Ihre Lebenshaltung und damit über Ihre Weichenstellungen im realen Leben. Rufen Sie sich in Erinnerung: Situation ➔ Bewertung ➔ Emotion ➔ Verhalten.

▶ Sie richten sich unzählige Schubladen ein – es entstehen Verhaltensmuster, die immer wieder abgespult werden.

▶ Ihr Unterbewusstsein setzt alles um, was Sie denken und sagen. Es stellt nichts in Frage!

▶ Bewertet das Unterbewusstsein eine Situation als gefährlich, wird Stressalarm ausgelöst.

▶ Ertappen Sie sich bei negativen Gedanken, so sagen Sie laut und deutlich: „STOPP!" Machen Sie sich klar, dass negative Gedanken Stress-Alarm auslösen.

▶ Anstelle der negativen Gedanken, folgt nach dem STOPP direkt einer Ihrer Mut- & Anfeuerungssätze. Diese Sätze werden Sie zu einer erfolgreichen Prüfung führen.

▶ In Ihrem Leben haben Sie es immer wieder mit Boden- und Standpunkten zu tun.

▶ Bodenpunkte gilt es zu akzeptieren – Es ist, wie es ist!

▶ Richten Sie Ihre Energie auf die Standpunkte – hier können Sie handeln!

▶ Nehmen Sie Ihren „Inneren Schweinehund" und „Inneren Kampfhund"® an die Leine – Unlust und Angst sind Ihre Erfolgskiller.

▶ Regelmäßige (tägliche) Entspannungs- und Atemübungen unterstützen Ihre neuen Bewertungen.

▶ Machen Sie sich klar, dass einzig und allein Sie für Ihr Leben verantwortlich sind. Niemand anderes als Sie selbst wird Ihre Prüfung schreiben.

„Wenn du deine Ziele erreichen willst, dann sind es Ziele, die dich dorthin bringen."
[Michael Phelps]

Strategie II: Die Zielarbeit
Wie Sie Ihr Ziel genau beschreiben

Für uns alle gilt:
Die großen Dinge liegen noch vor uns,
und deshalb lassen wir das Feuer nicht ausgehen.[95]

[Jürgen Klopp]

Mit den Erkenntnissen über die Funktionsweise des Körpers und der Psyche wenden Sie sich nun der zweiten Strategie zu – der Zielarbeit.

Viele Menschen bleiben erfolglos oder versinken im Mittelmaß, weil sie es nicht gelernt haben, sich klare Ziele zu setzen. Sie laufen durchs Leben, probieren dies und jenes aus, scheitern aber immer wieder an den ersten Schwierigkeiten und wenden sich dann wieder neuen Dingen zu. Eine solche Haltung führt zu einer latenten Unzufriedenheit. Diese Personen finden sich damit ab, dass sie im Leben nicht alles erreichen können. Bewertungen wie: „Bei mir klappt so etwas nicht!" oder "Ich weiß gar nicht, ob ich das will", verstärken diese resignierte Haltung. Oft gleiten sie dann auch noch in die Opferrolle ab und jammern über die eigene Unzulänglichkeit.

Wenn Leute mit ihrem Talent schludern, dann ärgert mich das ... Sich nicht alles abzuverlangen, ärgert mich , weil ich einfach finde, wenn ich was mache, kann man es gefälligst auch richtig machen. Sonst lasse ich's.[96]

[Jürgen Klopp]

---

[95] Feldner, Claus: Jürgen Klopp - Kleine Geschichte eines außergewöhnlichen Fußballtrainers, S. 66

[96] ebd., S. 21

Ihnen wird so etwas nicht passieren, wenn Sie sich bei allem, was Sie tun möchten, zunächst einmal fragen:

► Was will ich denn tatsächlich erreichen?
► Wie wichtig ist dieses Ziel für mich?
► Wie wird es sein, wenn ich dieses Ziel erreicht habe?
► Was verändert sich dann in meinem Leben?
► Wie wird meine Umwelt darauf reagieren?
► Welchen Preis muss ich für die Erreichung meines Ziels bezahlen?
► Wie belohne ich mich, wenn ich dieses Ziel erreicht habe?

Am Anfang stehen immer Fragezeichen und viele Fragen. Die sind wichtig, um sich Klarheit zu verschaffen ... Was wollen Sie eigentlich erreichen?[97]

[Katarina Witt]

Wenn Sie diese Fragen ehrlich beantworten, können Sie herausfinden, ob es sich tatsächlich um ein Ziel handelt, oder ob es einfach nur ein schöner Traum ist. Vielleicht tragen Sie solche Träume schon lange mit sich herum. Sie reden davon, was Sie alles irgendwann einmal machen möchten, doch meistens bleibt es beim Reden. Letztendlich sind Sie doch nicht bereit, sich voll und ganz für dieses Ziel einzusetzen.

Wer aber sein Ziel tatsächlich kennt, kann voller Schwung und Elan zur Verwirklichung schreiten. Nur wer das brennende Verlangen in sich spürt, dieses Ziel erreichen zu wollen, ist auch bereit, den Preis dafür zu zahlen.

Weil ich an mich glaube, weil ich nach meinen Zielen lange und weil ich dafür arbeite, sie zu erreichen.[98]

[Michael Phelps]

---

[97] Witt, Katarina: Gesund und Fit mit Kati Witt, S. 50
[98] Phelps, Michael, with Abrahamson, Alan: No Limits - The Will To Succeed, S. 112

Für den erfolgreichen Sportler ist die konkrete Zieldefinition von ausschlaggebender Bedeutung, und zwar in vielfacher Hinsicht. Das Ziel

▶ zeichnet den Weg ab, den er vor sich hat. Nur wenn er sein Ziel kennt, kann er einen optimalen Weg einschlagen.

▶ wirkt auf diesem Weg wie ein Magnet – die Anziehungskraft lässt ihn die Mühsal leichter ertragen.

▶ regt die Fantasie an. Durch die Visualisierung des Ziels kann sein Unterbewusstsein nicht zwischen Fantasie und Wirklichkeit unterscheiden. Sein Körper wird so auf Höchstleistung eingestellt.

▶ lässt den Sportler über sich hinaus wachsen. So mobilisiert er ungeahnte Kräfte.

▶ hält die Motivation aufrecht.

▶ stärkt das Selbstbewusstsein.

Entwickeln Sie zunächst eine genaue Zielvorstellung. Wer sich motivieren will, braucht unbedingt ein Ziel vor Augen, ein attraktives Ziel, eine Vision. Ziele geben die Anfangsmotivation, die zum Durchhalten ebenso wichtig ist.[99]

[Katarina Witt]

Das eigene Ziel wird am besten mit der so genannten Zielarbeit erreicht. Diese besteht aus fünf Schritten:

▶ Schritt 1: Zieldefinition: Sie entwickeln Ihr eigenes Ziel, mit dem Sie sich identifizieren.

▶ Schritt 2: Zwischenziele: Sie unterteilen den Weg zu Ihrem Ziel in mehrere, kleine Zwischenziele.

▶ Schritt 3: Belohnung: Sie belohnen sich, wenn Sie sich an Ihren Plan gehalten und Zwischenziele erreicht haben.

▶ Schritt 4: Zielvisualisierung: Sie stellen sich Ihren zukünftigen Erfolg in Gedanken vor.

▶ Schritt 5: Siegerbild: Sie speichern ein Bild von sich als Gewinner.

---

[99] Witt, Katarina: Gesund und Fit mit Kati Witt, S. 59

Ich verteilte alles auf ganz kleine Schritte.[100]

[Kelly Slater]

Du träumst. Du planst. Du erreichst.[101]

[Michael Phelps]

Schritt 1: Zieldefinition

Der erfolgreiche Sportler definiert also zunächst einmal sein Ziel. Dabei stützt er sich auf drei Säulen:

▶ Zielklarheit: Das Ziel muss klar beschrieben sein.

▶ Machbarkeit: Das Ziel muss für ihn realistisch sein.

▶ Identifikation: Das Ziel muss voll und ganz zu ihm passen.

Bereits im Vorfeld sollte man realistisch prüfen, ob das, was man sich vorgenommen hat, wirklich passt, oder ob man das Ziel den jeweiligen Gegebenheiten anpassen sollte.[102]

[Britta Heidemann]

Viele Teilnehmer kommen zu unseren Seminaren mit schlechter Laune und Lustlosigkeit. Der Grund für diese Lustlosigkeit liegt auf der Hand – ihnen ist oft nicht mehr klar, warum sie die Mühen des vielen Lernens auf sich nehmen müssen.

Was aus der eigenen Perspektive oft nur schwer zu erkennen ist, ist im Grunde ganz einfach: Die Lösung liegt in der Klar-

---

[100] Slater, Kelly, with Borte Jason: Pipe Dreams, S. 222

[101] Phelps, Michael, with Abrahamson, Alan: No Limits - The Will To Succeed, S. 6

[102] Heidemann, Britta: Erfolg ist eine Frage der Haltung, S. 28

heit über das persönliche Ziel und das Bewusstsein, dass sie dieses Ziel mit eigener Anstrengung auch erreichen können.

Ziele kann man nur mit einer optimistischen und positiven Grundhaltung angehen, wenn man also nicht die Einstellung mitbringt, dass schon die Zielsetzung an sich und damit „Leistung" in jeder Form etwas Negatives ist.[103]

[Britta Heidemann]

Die meisten Teilnehmer unserer Seminare befinden sich vor einer letzten Prüfung. Es ist sozusagen der Endspurt, bevor es in einen neuen Lebensabschnitt geht. Doch gerade jetzt, wo es darauf ankommt, verlässt sie jegliche Motivation, etwas für diese letzte Prüfung zu unternehmen. An dieser Stelle ist ganz wichtig, dass Sie erkennen, dass die Prüfung an sich kein Ziel ist, sondern das, was nach der bestandenen Prüfung auf Sie wartet. Die Prüfung ist nur ein letztes Zwischenziel, welches zu bewältigen gilt. Wenn Sie sich diesen Sachverhalt vor Augen führen, werden Sie erkennen, dass sich der Aufwand des Lernens für dieses Ziel doch sehr lohnt.

Eine schwierige Gratwanderung: Man muss das Endziel, das große Ganze im Auge behalten und dabei gleichzeitig Etappenziele einbauen und nacheinander abarbeiten. Aber dies ist auch der Schlüssel zum Erfolg.[104]

[Britta Heidemann]

Ganz anders sieht es aus, wenn Sie sich ein Ziel gesetzt haben, dass gar nicht zu Ihnen passt. Miriam, eine Seminarteilnehmerin, litt unter starker Prüfungsangst. Sie klagte darüber, dass sie sich beim Lernen nicht konzentrieren konnte. Die Bewältigung der vielen Prüfungen erschien ihr einfach unmöglich. Während der Beschäftigung mit dem Arbeitsbogen Zielarbeit stellte sie fest, dass der von ihr ausgewählte Studiengang eigentlich gar nicht zu ihr passte. Sie studierte Ökothrophologie. Ihr eigentliches Ziel war es, Menschen zu helfen. Nach sorgfäl-

---

[103] ebd., S. 27

[104] ebd., S. 33

tiger Zielarbeit entschied sie sich dafür, Sozialpädagogik zu studieren. Ihre Prüfungsängste legten sich daraufhin, denn durch das richtige Ziel war sie nun in der Lage, bewusst und hoch motiviert zu lernen.

Natürlich müssen Sie nicht gleich einen neuen Studiengang wählen oder die Ausbildung wechseln. An diesem Beispiel lässt sich aber erkennen, wie wichtig die klare Definition des eigenen Ziels ist. Am Ende dieser Strategie fordern wir Sie dazu auf, sich Ihr eigenes Ziel genau bewusst zu machen. Wenn Sie Klarheit über Ihr Ziel haben, werden Sie merken, dass die Mühsal der Prüfung sich zu jeder Zeit lohnt.

... Ich brauchte große Ziele, um fokussiert zu bleiben.[105]

[Kelly Slater]

Nach der persönlichen Zieldefinition geht es an die weitere Zielarbeit: Mit dem Festlegen von Zwischenzielen, dem Bewusstmachen der Wichtigkeit von Belohnungen, der Zielvisualisierung und dem Erstellen eines persönlichen Siegerbilds zeichnet der Hochleistungssportler den Weg zu seinem Ziel genau vor.

Du hast große Pläne für deine Zukunft und jetzt
ist die Zeit, sich darauf vorzubereiten.[106]

[Venus Williams]

---

[105] Slater, Kelly, with Borte Jason: Pipe Dreams, S. 217

[106] Williams, Venus & Serena, with Beard, Hilary: Venus & Serena - Serving From The Hip, S. 23

Schritt 2: Festlegung von Zwischenzielen

Der Sportler legt nach der Zieldefinition mehrere kleine Zwischenziele fest, die er auf dem Weg zu seinem Ziel erledigen muss. Durch das Setzen von Zwischenzielen wird die Herausforderung auf kleine Portionen verteilt. Die anfängliche Schwierigkeit der Zielerreichung ist somit drastisch vereinfacht. Große Ziele erscheinen plötzlich machbar.

> Teilen Sie Ihr großes Ziel in kleine erreichbare Zielabschnitte. Denken Sie sich große Ziele klein. Wenn Sie große Aufgaben in überschaubare Portionen zerlegen, verlieren große Ziele ihren Schrecken.[107]
>
> **[Katarina Witt]**

Zwischenziele dienen zum anderen auch der Motivation – Immer dann, wenn ein Zwischenziel erreicht wird, überträgt sich dies automatisch auf das Befinden. Der Spitzensportler sieht, dass er vorankommt und ist stolz auf das Geleistete.

> Wenn man sich ein hohes Ziel setzt, konzentriert man sich dadurch auf das Optimum und erreicht in der Regel auf jeden Fall ohne Stress ein etwas niedrigeres Ziel, weil man es als selbstverständlich ansieht, die Zwischenetappen zu erreichen.[108]
>
> **[Britta Heidemann]**

Deswegen ist das Festlegen von Zwischenzielen auch für Sie von entscheidender Bedeutung. Durch die Konzentration auf das immer nächste Zwischenziel, wie z. B. die Beherrschung eines bestimmten Faches, verliert die große Herausforderung der Prüfung ihren Schrecken. So hangeln Sie sich von Erledigung zu Erledigung einer ganzen Reihe von Zwischenzielen.

---

[107] Witt, Katarina: Gesund und Fit mit Kati Witt, S. 60
[108] Heidemann, Britta: Erfolg ist eine Frage der Haltung, S. 32

Man muss immer Rennen für Rennen und Schritt für Schritt denken,
sonst erreicht man das große Ziel am Ende der Saison erst gar nicht.[109]

[Sebastian Vettel]

Schritt 3: Die Wichtigkeit von Belohnungen

Eine weitere sehr wirksame Technik des Spitzensportlers ist sein Belohnungssystem. Immer dann, wenn er ein Ziel oder Zwischenziel erreicht hat, wird er sich hierfür belohnen.

Wer hart arbeitet, der darf auch feiern.[110]

[Jürgen Klopp]

Das Erreichen eines Teilziels verfolge ich stets bewusst,
und ihm folgt immer eine Form der Belohnung.[111]

[Britta Heidemann]

Die Belohnung tut dem Spitzensportler gut und er freut sich darauf. Durch die Belohnung bekommt die ganze Anstrengung und Plackerei auch einen Sinn. Außerdem wird so der „Innere Schweinehund" an die Leine genommen. Immer dann, wenn die Mühen sehr groß sind, kann so der „Innere Schweinehund" beruhigt werden, da demnächst eine gute Zeit mit Spaß und Entspannung ansteht.

---

[109] Vettel, Sebastian: Tagebuch auf www.sebastianvettel.de, Eintrag Samstag 7. Juli 2011

[110] Neveling, Elmar: Jürgen Klopp - Echte Liebe, S. 94

[111] Heidemann, Britta: Erfolg ist eine Frage der Haltung, S. 33

Ich benutze alles was geht, um mich selbst zu motivieren.[112]

[Michael Phelps]

Wir werden heute auf jeden Fall so richtig feiern und uns für diesen großartigen Tag ein bisschen selbst belohnen.[113]

[Sebastian Vettel]

Schritt 4: Zielvisualisierung

Wenn das Ziel definiert ist und Sie sich mehrere Zwischenziele gesetzt haben, kommen Sie zum schönsten Part der Zielarbeit – der Zielvisualisierung. Der Spitzensportler geht dabei in seiner Fantasie vollkommen in sein Ziel hinein. Er sieht sich auf dem Siegertreppchen, er genießt es, dass die Zuschauer ihm zujubeln und seine Familie ihm gratuliert. Er malt sich seinen Erfolg in allen Einzelheiten aus.

...ich bin dann nur darauf fixiert, den Ring als Sieger zu verlassen, und gebe einfach alles.[114]

[Vitali Klitschko]

... ich habe eine große Vorstellungskraft. Solches Visualisieren ist wie das Programmieren eines Rennens in meinem Kopf und manchmal scheint es, als wenn dieses Programmieren es genauso umsetzt, wie ich es mir vorgestellt habe.[115]

[Michael Phelps]

---

[112] Phelps, Michael, with Cazeneuve, Brian: Beneath The Surface, S.153

[113] Vettel, Sebastian: Tagebuch auf www.sebastianvettel.de, Eintrag Sonntag 29. Mai 2011

[114] Klitschko Vitali u. Wladimir, mit Sellin, Fred: Unter Brüdern, S.391

[115] Phelps, Michael, with Abrahamson, Alan: No Limits - The Will To Succeed, S. 9

Stellen Sie sich vor, Sie kommen aus dem Prüfungsraum heraus und haben die Prüfung geschafft und bestanden. Wie fühlen Sie sich jetzt?

Der Zielvisualisierung widmen Sie im Arbeitsbogen Nr. 6 besonders viel Aufmerksamkeit. Die Bewusstmachung der Zielerreichung kann nicht oft genug betont werden. Ihre Bedeutung ist von äußerster Wichtigkeit für Ihren Erfolg.

> Stellen Sie sich das Erreichen dieses Ziels in allen Einzelheiten vor. Durch dieses Visualisieren lösen Sie bereits im Kopf die Begeisterung aus, die nötig ist, um in Gang zu kommen.[116]
>
> **[Katarina Witt]**

Schritt 5: Siegerbild

Aus der Zielvisualisierung sucht sich der Sportler ein ganz bestimmtes Bild aus, das ihm am besten gefällt.

Dieses Siegerbild speichert er als Ansporn für all die Mühsal, die noch vor ihm liegt. Immer, wenn Zweifel aufkommen, ruft er sich dieses eine Siegerbild in Erinnerung. Es spornt ihn an und gibt ihm die Kraft, weiterzumachen.

> Ich werde gewinnen, da ich mich bereits in meinem Kopf als Sieger sah.[117]
>
> **[Kelly Slater]**

Wie sieht Ihr Siegerbild aus? Speichern Sie dieses Bild. Ihr Siegerbild wird Sie in schlechten Zeiten aus Ihrem Tief herausholen und Ihnen die nötige Kraft zum weitermachen geben. Doch noch ein klein wenig Geduld. Der Arbeitsbogen Nr. 6 wird Ihnen helfen, Ihr optimales Siegerbild zu entwickeln.

---

[116] Witt, Katarina: Gesund und Fit mit Kati Witt, S. 60
[117] Slater, Kelly, with Borte Jason: Pipe Dreams, S. 237

Der Boxer Muhammad Ali ging noch einen Schritt weiter. Seine Siegerbilder waren seine Reime und Prophezeiungen. Sie spornten ihn an und verwirrten gleichzeitig seine Gegner. So auch am 5. November 1963, als Ali auf einer Pressekonferenz den Kampfvertrag gegen den damaligen Box-Schwergewichts-Weltmeister Sonny Liston unterschrieb. Das nachfolgende Gedicht rappte er selbstbewusst und mit weit aufgerissenen Augen in die umherstehenden Kameras.

> If you want to loose your money,
> Then bet on Sonny.
> He knows I'm great.
> He went to school; he's no fool.
>
> I predict that he will go in eight,
> To prove that I'm great.
> And if he wants to go to heaven,
> I'll get him in seven …[118]

[Muhammad Ali]

Übersetzung:

> Wenn Du dein Geld verlieren willst,
> dann setz auf Sonny.
> Er weiß, dass ich der Größte bin.
> Er besuchte die Schule, er ist kein Dummkopf.
>
> Ich sage voraus, dass er binnen acht Runden verliert,
> um zu zeigen, wie großartig ich bin,
> und wenn er in den Himmel kommen will,
> Dann schaffe ich ihn in sieben …[119]

Eingeschüchtert durch Alis Siegermentalität und sein selbstbewusstes Auftreten, verlor der als Favorit gehandelte Liston den Kampf 1964 durch technischen K.o. in der siebten Runde.

---

[118] Ali, Muhammad/Ali, Hana Yasmeen: Mit dem Herzen eines Schmetterlings, S. 84
[119] ebd., S. 83.

Hier setzt ein ganz wichtiger Faktor ein: Da Ihr Unterbewusstsein nicht unterscheiden kann, ob Sie sich eine Situation in Ihrer Fantasie ausmalen oder ob Sie sich tatsächlich in der Situation befinden, wird in Ihrem Körper durch das Visualisieren nun alles mobilisiert, was Ihnen dabei helfen kann, dieses Bild Wirklichkeit werden zu lassen. Ihr Unterbewusstsein sucht mit aller Kraft nach entsprechenden Lösungen. Vorhandene Schubladen werden geöffnet, Muskelgruppen aktiviert, Botenstoffe produziert. Ihre Motivation wird enorm verstärkt – Sie sind bereit, zu handeln. Es entstehen nun neue Verhaltensmuster, die Ihnen dienlich sind.

> (...) wenn du gewinnen willst,
> darf sich der Wille niemals zur Ruhe setzen,
> der Wettkampf niemals aufhören
> und der Glaube niemals nachlassen.[120]

[Muhammad Ali]

❗ Denken Sie daran:

Sie sind das Ergebnis Ihrer Gedanken. Sie haben es in der Hand, ob Sie ein Verlierer oder ein Sieger sind!

> Wenn wir begeistert sind, können wir alles schaffen.[121]

[Katarina Witt]

Erfolgreiche Leistungssportler arbeiten ganz intensiv mit der Kraft des Visualisierens. Jeder Bewegungsablauf, jede Trainingseinheit, jede Sekunde des Wettkampfs wird in der Fantasie ganz genau durchlebt.

So konnten Wissenschaftler feststellen, dass Leistungssportler, die in Gedanken ihren Sieg visualisieren, tatsächlich erfolgreicher sind als Sportler, die keine Siegesvisualisierung vornehmen.

---

[120] ebd., S. 194
[121] Witt, Katarina: Gesund und Fit mit Kati Witt, S. 58

Wenn der Sportler es also schafft, in Gedanken sein Ziel zu erreichen, so wird sein Unterbewusstsein alles daransetzen, dieses Siegerbild Wirklichkeit werden zu lassen.

Der sportliche Lebenslauf der amerikanischen Tennisspielerin Serena Williams ist ein hervorragendes Beispiel, um die Bedeutung von Zielen zu unterstreichen. Ihr Traum war es, einmal die beste Tennisspielerin der Welt zu sein. Die Rahmenbedingungen für diesen Traum waren allerdings alles andere als vorteilhaft. Serena wuchs mit Ihrer Familie inmitten des Ghettos von Compton/Los Angeles auf, Gewalt und Bandenkriminalität waren hier an der Tagesordnung.

> Wenn du einmal weißt, was dir im Leben wichtig ist und deine Entscheidungen deine Werte unterstützen, dann ist es leichter, dem Druck von außen standzuhalten. [122]
>
> [Serena Williams]

Trotz dieser widrigen Umstände hielt Serena nichts davon ab, an ihren Traum zu glauben und weiter hart dafür zu arbeiten.

> ... wir hörten nicht auf zu spielen, egal, wie verrückt unser Traum für manche Leuten auch war. [123]
>
> [Serena Williams]

Während sie zu Beginn ihrer Karriere ihr Tennisspiel noch auf Betonplätzen trainierte, wurde sie bereits mit 14 Jahren Profi. Zwei Jahre später schlug sie als 304tplatzierte die Weltranglisten-Zweite Monica Seles. Diesen Erfolgskurs hielt Serena trotz vieler Auf und Abs bei. Mit insgesamt vier olympischen Goldmedaillen und 120 Wochen als Erstplatzierte der Weltrangliste gehört sie mittlerweile zu den besten Tennisspielerinnen aller Zeiten.

---

[122] Williams, Venus & Serena, with Beard, Hilary: Venus & Serena - Serving From The Hip, S. 60ff

[123] ebd., S. 4

Wer hätte jemals gedacht, dass zwei schwarze Mädchen
aus Compton einmal die Besten der Welt würden?[124]

[Serena Williams]

Träumen, planen, erreichen – immer mit einem klaren Ge-
winnerbild von sich selbst vor Augen. All dies gilt selbstverständlich nicht nur für den Sportler, sondern auch für Sie. Doch
leider laufen sehr viele Menschen mit einem Verliererbild durchs
Leben. Diese Personen visualisieren den Misserfolg in allen De-
tails. So erleben sie, wie sie immer wieder scheitern, von Un-
glücksfällen getroffen oder von Krankheiten heimgesucht werden – und durch Prüfungen fallen.

Auch hier wird das Unterbewusstsein alles daransetzen, diese negativen Bilder Wirklichkeit werden zu lassen. Es kann nun
mal nicht zwischen Fantasie und Realität unterscheiden. So
kommt es, dass diese Menschen tatsächlich schlecht gelaunt
und unglücklich durchs Leben dümpeln und ihnen nur selten
etwas gut gelingt.

Nun stellt sich die Frage, wie Sie es schaffen können, Ihre Ziele zu visualisieren und so zu einem mentalen Sieger zu werden.

Aufgabe 9
Arbeitsbogen Nr. 7: Ihre Zielarbeit

Bearbeiten Sie den Arbeitsbogen auf Seite 219 sehr intensiv. Er ist von ausschlaggebender Bedeutung, denn, wie Sie gerade
erfahren haben, ist die Zielarbeit eine grundlegende Voraussetzung für Ihre erfolgreiche
Prüfung.

***

---

[124] ebd., S. 73

Ihr klar definiertes Ziel wird Sie motivieren und neue Kräfte in Ihnen mobilisieren. Achten Sie darauf, dass Sie sich voll und ganz mit Ihrem Ziel identifizieren können.

❗ Denken Sie daran:

Richtig motiviert sind wir, wenn wir wirklich einen Sinn in unserem Tun erkennen ... Motivation heißt: Ich will.[125]

[Katarina Witt]

Wichtig ist die Erkenntnis, dass nicht die Prüfung, sondern Ihr persönlicher Fortschritt Ihr wahres Ziel ist. Die Prüfung ist lediglich eine Herausforderung, ein Meilenstein auf dem Weg zu Ihrem Ziel. Das Lernen und die Prüfungen sind der Preis, den Sie für das Erreichen dieses Ziels investieren müssen.

Im Laufe meines Lebens habe ich erfahren, dass der Weg der Selbsterkenntnis die größte Befreiung verspricht.[126]

[Muhammad Ali]

Nutzen Sie täglich die Kraft Ihres Siegerbildes. Gehen Sie in Gedanken immer wieder in Ihren Sieg hinein. Nutzen Sie die Arbeitsweise Ihres Unterbewusstseins. Gedanken an Niederlagen und Misserfolg gehören der Vergangenheit an: STOPP!

Ihr ganz persönliches Siegerbild ist ab sofort Ihr neues Leitbild!

Jedes Jahr, seitdem ich wettkampfmässig schwimme, habe ich mir Ziele gesetzt. Schriftlich. Der Ziele-Zettel war verpflichtend. Ich verinnerlichte ihn und er wurde zur Gewohnheit. ... Wenn es mal einen Tag gab, an dem ich unten war, an dem ich nicht gut schwamm, wenn ich einfach zu müde oder zu kaputt war, dann schaute ich ihn mir an. Das war auf jedenfall immer ein Hochbringer.[127]

[Michael Phelps]

---

[125] Witt, Katarina: Gesund und Fit mit Kati Witt, S. 58

[126] Ali, Muhammad/Ali, Hana Yasmeen: Mit dem Herzen eines Schmetterlings, S. 77

[127] Phelps, Michael, with Abrahamson, Alan: No Limits - The Will To Succeed, S. 14ff

Fazit:
Ihr Trainingsplan für Strategie II: Die Zielarbeit

▶ Machen Sie sich Ihr ganz persönliches Ziel bewusst, und seien Sie sich darüber im Klaren, wie wichtig dieses Ziel für Sie ist.

▶ Setzten Sie sich Zwischenziele. So wird Ihr Weg zum Ziel machbarer und einfacher. Das Erreichen von Zwischenzielen wird Sie motivieren, weiterzumachen.

▶ Belohnen Sie sich. Durch Belohnungen bleiben Sie hochmotiviert am Ball, bis Sie Ihr Ziel, die erfolgreiche Prüfung, erreicht haben.

▶ Gehen Sie in Ihrer Fantasie voll und ganz in dieses Ziel hinein.

▶ Sehen Sie sich als Sieger!

▶ Ihr Siegerbild begleitet Sie ab sofort!

▶ Durch die ständige Visualisierung Ihres Siegerbilds wird dieses Bild Wirklichkeit.

▶ Ihr Siegerbild öffnet vorhandene Schubladen, Muskelgruppen werden aktiviert und Botenstoffe produziert!

▶ Ihre Motivation wird dadurch wiederum verstärkt.

▶ Sie sind nun bereit, zu handeln.

▶ Es entstehen neue Verhaltensmuster, die Sie zu Ihrem Ziel bringen.

Strategie III:
Das Erfolgsbewusstsein
Wie Sie die Basis Ihres Erfolgs legen

Erfolge wie heute sind natürlich für uns alle sehr wichtig, einfach weil sie zeigen, dass wir auf dem richtigen Weg unterwegs sind und die harte Arbeit bestätigen, die hier alle Tag für Tag leisten.[128]

[Sebastian Vettel]

Sie haben nun die beiden wichtigen Strategien *Erkenntnis* und *Zielarbeit* kennen gelernt. Vielleicht spüren Sie bereits eine Veränderung in sich. Ganz gewiss befinden Sie sich bereits auf dem richtigen Weg, auf der Siegerstraße.

Deshalb wenden Sie sich nun der dritten Strategie, dem Erfolgsbewusstsein zu. Das Erfolgsbewusstsein hängt eng mit den ersten beiden Strategien zusammen.

Die Bedeutung des Erfolgsbewusstseins

Für den Spitzensportler ist das Erfolgsbewusstsein von elementarer Bedeutung, denn es hilft ihm,

▶ mit dem enormen Druck umzugehen,

---

[128] Vettel, Sebastian: Tagebuch auf www.sebastianvettel.de, Eintrag Samstag 26. Juni 2011

- ▶ Kraft zu tanken,
- ▶ positiv eingestellt zu sein,
- ▶ sich an die eigenen Erfolgseigenschaften zu erinnern,
- ▶ die Gewissheit zu haben, dass er sein Ziel auch erreichen kann.

Ich nehme mir das Recht, glücklich mit meinem Erfolg zu sein.[129]

[Britta Heidemann]

Der Sportler benötigt für seinen Sieg einen unerschütterlichen Glauben an sich selbst. Dieser Glaube muss so stark sein, dass nichts und niemand ihn ins Wanken bringen kann. Das Erfolgsbewusstsein muss ihn voll und ganz durchdringen.

Sie müssen zugeben, dass ich der Größte war. Und immer noch bin.[130]

[Muhammad Ali]

Wie Sie bereits im letzten Kapitel erfahren haben, ist der erfolgreiche Sportler zunächst ein mentaler Sieger. Sein Siegerbild begleitet ihn und spornt ihn an.

Um dieses Bild zu festigen, besinnt sich der Hochleistungssportler darauf, welche Erfolge er bereits in seinem bisherigen Leben erzielt hat. Er geht in Gedanken diese Erfolgserlebnisse durch und erinnert sich an die großen Momente seines Lebens.

Ich sage immer, gute Kämpfe sind für unsere Erfolge das, was für ein Haus das Fundament ist.[131]

[Vitali Klitschko]

---

[129] Heidemann, Britta: Erfolg ist eine Frage der Haltung, S. 224
[130] Ali, Muhammad/Ali, Hana Yasmeen: Mit dem Herzen eines Schmetterlings, S. 119
[131] Klitschko Vitali u. Wladimir, mit Sellin, Fred: Unter Brüdern, S. 58

...der Nationalhymne zuzuhören und eine Goldmedaille um den Hals hängen zu haben, gehört zu den großartigsten Gefühlen, die ich jemals in meiner Schwimmkarriere hatte.[132]

[Michael Phelps]

Wenn man als Kind davon träumt, Rennfahrer zu werden, ist alles noch so weit weg, insbesondere die Formel 1. Und wenn man dann, wie heute, ganz oben stehen darf, die Hymne hört und von einem solchen Glücksgefühl durchströmt wird, weiß man, wie privilegiert man ist, dort zu sein, wo man ist.[133]

[Sebastian Vettel]

Die eigenen Erfolge bewusst machen

Durch das Bewusstmachen der eigenen Erfolge erzielt der Sportler den gleichen Effekt wie bei der Entwicklung des Siegerbildes. Auch hier kann das Unterbewusstsein nicht zwischen Fantasie und Wirklichkeit unterscheiden. Auch hier wertet es die Situation als Tatsache und aktiviert entsprechende Botenstoffe, Muskelgruppen und Verhaltensschubladen.

Für mich ging es um die kleinen Erfolgserlebnisse, die sich toll anfühlten.[134]

[Vitali Klitschko]

Wie weit den Sportler das Bewusstsein der eigenen Stärken bringen kann, hat im Jahr 2011 der deutsche Basketbal-

---

[132] Phelps, Michael, with Abrahamson, Alan: No Limits - The Will To Succeed, S. 177

[133] Vettel, Sebastian: Tagebuch auf www.sebastianvettel.de, Eintrag Sonntag 7. Oktober 2012

[134] Klitschko Vitali u. Wladimir, mit Sellin, Fred: Unter Brüdern, S. 96

ler Dirk Nowitzki mit seinem amerikanischen Profi-Basketball Team, den Dallas Mavericks, bewiesen. Das Team hatte es im Jahr 2007 in der hart umkämpften amerikanischen Profi-Basketballmeisterschaft NBA im Finale ‚nur' auf den zweiten Platz geschafft. Trotz dieser Enttäuschung wurde Dirk Nowitzki als erster Europäer mit der Auszeichnung ‚Wertvollster Spieler' (MVP) ausgezeichnet.

Es sollte noch einige Jahre dauern, bis die Dallas Mavericks und Dirk Nowitzki eine zweite Chance auf den Titel erhielten. In der Saison 2010/2011 starteten sie als klare Außenseiter. Doch gerade in jenem Jahr spielte das richtige Selbstvertrauen eine ganz besondere Rolle.

> Das war unsere Stärke das ganze Jahr über. Wenn einer mal nicht so ein gutes Spiel hatte, ist der andere reingekommen für ihn, hat ausgeholfen und Selbstvertrauen gegeben.[135]

[Dirk Nowitzki]

Am 12. Juni 2011 kam es zur Neuauflage der Endspielserie von 2007 gegen die Miami Heats, welche mit einer ganzen Armada von Basketball-Superstars aufwarten konnten. Doch dieses Mal ließen sich die Dallas Mavericks nicht von ihrem Weg abbringen. Sie gewannen die Endspielserie und wurden amerikanischer NBA-Basketball-Meister.

> Ich kann das noch gar nicht richtig in Worte fassen, was das jetzt bedeutet. Aber das kann uns nie mehr einer nehmen, die Meisterschaft im Jahr 2010/2011 gehört für immer den Dallas Mavericks. Ich bin einfach so stolz auf die Mannschaft, was wir durchgemacht haben dieses Jahr.[136]

[Dirk Nowitzki]

Dirk Nowitzki bildet also ein Paradebeispiel dafür, dass die eigenen Erfolge die nötige Kraft geben können, immer wieder neue Herausforderungen anzugehen und zu meistern.

---

[135] Nowitzki, Dirk: Interview auf www.stern.de 13.06.2011
[136] ebd.

> Die Ehrung als MVP ist ein unglaublich stolzer Moment in meiner Karriere:
> Ich werde daran wahrscheinlich mein ganzes Leben lang zurückdenken.[137]

[Dirk Nowitzki]

Auch für Sie als Prüfungskandidat ist das Erfolgsbewusstsein von ganz zentraler Bedeutung. Nicht nur während der Prüfung spielt es eine wichtige Rolle, sondern auch in der Zeit der Prüfungsvorbereitung. Gerade hier passiert es oft, dass Sie den Glauben an sich selbst verlieren. Sie zweifeln an der eigenen Lernfähigkeit, an der Möglichkeit, die Prüfung zu bestehen, ja oft sogar an der eigenen Intelligenz.

Was das bedeutet, wissen Sie bereits: Sie öffnen eine alte Schublade und spulen immer wieder das gleiche Programm (Verhalten) ab. Doch dieses Verhalten ist Ihnen nicht dienlich. Vor allem nicht in den Momenten vor und während der Prüfung. Denn hier bringen Selbstzweifel die Prüfung ganz schnell zum Scheitern.

Sie brauchen also Selbstvertrauen und einen unerschütterlichen Glauben an sich selbst, um den beschwerlichen Weg, der vor Ihnen liegt, zu gehen.

> Ich war selbstbewusst in Bezug auf mein Können,
> und das war alles, was ich brauchte.[138]

[Kelly Slater]

Durch gezieltes Bewusstmachen Ihrer bisherigen Erfolge werden Sie genau wie ein Hochleistungssportler

▶ Ihr Selbstvertrauen in schwierigen Momenten aufrecht erhalten,

▶ auf Knopfdruck eine positive Einstellung bekommen,

▶ sich auf die wesentlichen Dinge konzentrieren,

---

[137] Nowitzki, Dirk: Nowitzki, S. 275
[138] Slater, Kelly, with Borte Jason: Pipe Dreams, S. 123

- die Gewissheit erlangen, dass Sie auch dieses Ziel erreichen werden.

...nehmen Sie diesen Moment mit. Dies sind Erinnerungen, von denen Sie später zehren werden. [139]

[Britta Heidemann]

Der größte Gewinn, das wichtigste Kapital eines jeden Menschen sind sein Selbstbewusstsein und der Respekt vor der eigenen Person. [140]

[Muhammad Ali]

Es muss dabei nicht immer gleich eine Medaille oder ein Pokal sein, um etwas als Erfolg zu bewerten. Immer dann, wenn Sie stolz auf sich sind, weil Sie etwas durch eigene Anstrengung erreicht haben, können Sie dies als Erfolg verbuchen.

Erinnern Sie sich an Erfolge aus der Vergangenheit. Es hat nichts mit Selbstlob zu tun, wenn Sie sich ab und zu ins Gedächtnis rufen: Was habe ich gut hingekriegt? Worauf kann ich stolz sein?. [141]

[Katarina Witt]

---

[139] Heidemann, Britta: Erfolg ist eine Frage der Haltung, S. 196

[140] Ali, Muhammad/Ali, Hana Yasmeen: More Than A Hero, S. 24

[141] Witt, Katarina: Gesund und Fit mit Kati Witt, S. 61

Aufgabe 10
Arbeitsbogen Nr. 8: Ihr Erfolgsbewusstsein

 Gehen Sie auf Seite 223 ganz bewusst in Ihre Vergangenheit: Wann und wo waren Sie erfolgreich? Was haben Sie zu diesem Erfolg beigetragen? Je intensiver Sie Ihre Erfolgserlebnisse wiederholt erleben, umso größer ist der Effekt für Ihr Selbstbewusstsein. Achten Sie auch darauf, was mit Ihnen geschieht, wenn Sie an Ihre Erfolge denken: Wie fühlen Sie sich? Was geschieht mit Ihrer Laune? Was passiert mit Ihrer Körperhaltung?

***

Sie haben sich nun mit Ihren Erfolgen beschäftigt. Vielleicht ist Ihnen klar geworden, dass Sie immer dann Erfolg haben, wenn Sie voller Eifer und Begeisterung an die Verwirklichung eines Zieles herangehen.

Vielleicht ist Ihnen auch aufgefallen, dass Sie oft Zeit und Raum vergessen haben, wenn Sie für dieses Ziel gearbeitet haben. Für Sie war klar: Sie wollten dieses Ziel erreichen, egal mit welchem Kraftaufwand.

❶ Denken Sie daran:

Ihre Erfolge führen Sie in eine erfolgreiche Zukunft!

Werfen Sie jetzt noch einmal einen Blick auf die Eigenschaften, die Sie für die Verwirklichung Ihres Erfolges benötigt haben. Es ist von äußerster Wichtigkeit, dass Sie sich bewusst machen, dass Sie diese Eigenschaften in sich haben:

▶ Sie sind ein Kämpfer – wenn Sie es wirklich wollen!

▶ Sie haben Durchhaltevermögen – wenn Sie es wirklich wollen!

▶ Sie sind ein Sieger – wenn Sie es wirklich wollen!

Stellen Sie sich jetzt vor, was passiert, wenn Sie all diese guten Eigenschaften auf das Ziel Prüfung richten. Was wird sich verändern, wenn Sie ab sofort mit Ihrem neuem Selbstvertrauen und Erfolgsbewusstsein durchs Leben gehen?

Fazit:
Ihr Trainingsplan für Strategie III:
Das Erfolgsbewusstsein

▶ Erinnern Sie sich an Ihre Erfolgserlebnisse.

▶ Speichern Sie eines oder mehrere Erfolgserlebnisse als Ansporn für sich.

▶ Besinnen Sie sich auf die guten Eigenschaften, die Sie bei diesem Erfolgserlebnis gezeigt haben.

▶ Entwickeln Sie ab sofort genau so viel Begeisterung und Tatendrang für Ihr neues Ziel!

Strategie IV:
Die Fehleranalyse
Wie Sie optimal aus Ihren Fehlern lernen

...die Fehler, die ich mache, können sich sogar zu einem Vorteil für mich entwickeln, wenn ich mir die Zeit nehme, aus ihnen zu lernen.[142]

[Venus Williams]

Sie haben sich nun sehr intensiv mit der mentalen Einstellung von erfolgreichen Spitzensportlern auseinandergesetzt. Beim mentalen Training kontrolliert der Spitzensportler seinen positiven inneren Dialog in Bezug auf

▶ seine Vergangenheit durch das Erfolgsbewusstsein

▶ seine Gegenwart durch die Mut- & Anfeuerungssätze

▶ seine Zukunft durch das Siegerbild

Durch die mentalen Strategien Erkenntnis, Zielarbeit und Erfolgsbewusstsein sind Sie jetzt fit und selbstbewusst genug, um sich nun mit Ihren Fehlern und eventuellen Schwächen zu beschäftigen.

Ich bin dankbar für all meine Siege,
vor allem aber für meine Niederlagen,
denn sie trieben mich nur dazu an,
noch härter zu arbeiten.[143]

[Muhammad Ali]

---

[142] Williams, Venus & Serena, with Beard, Hilary: Venus & Serena - Serving From The Hip, S. 58

[143] Ali, Muhammad/Ali, Hana Yasmeen: Mit dem Herzen eines Schmetterlings, S. 181

Niemand ist perfekt: Jeder Mensch macht irgendwann mal einen Fehler, hat seine Schwächen und erlebt Misserfolge – all dies gehört zum Leben. Ungern wird über diese Schwachpunkte gesprochen: Hoffentlich bleibt der Fehler unbemerkt, hoffentlich wächst schnell Gras über die ganze Sache! Kommen diese Fehler dann doch zur Sprache, wird oft ein Schuldiger gesucht, um sich selbst aus der Affäre zu ziehen. Und tatsächlich gibt es immer tausend Gründe, warum etwas nicht geklappt hat.

Viele Menschen verfallen zu diesem Zeitpunkt in Selbstmitleid: Sie fühlen sich arm, ausgebeutet und überfordert. Während des Jammerns erkennen sie dann ganz deutlich, warum sie z.B.

▶ nicht lernen konnten,

▶ durch die Prüfung gefallen sind,

▶ all die guten Vorsätze nicht erreicht haben.

Im Erfinden von Ausreden und Begründungen ist der Prüfungskandidat Weltmeister. An dieser Stelle entsteht schnell die Überzeugung: „Ich bin halt so", oder „Ich habe nun mal keine Selbstdisziplin", vielleicht aber auch: „Was kann ich denn dafür?" Und so arrangieren sich viele mit der eigenen Schwäche. Sie dümpeln weiter durch das Leben und träumen davon, beim nächsten Mal früher mit dem Lernen anzufangen, nach Plan und hochkonzentriert zu lernen.

Allerdings ist es eine bekannte Tatsache, dass Sie sich durch Ausreden von der wahren Ursache des Problems entfernen. Durch diese Einstellung verleugnen Sie die Realität und dies lässt Sie im Stillstand verharren.

> Dass ich gelernt habe, ehrlich zu mir selbst zu sein, war eins der wichtigsten Dinge, die ich in meinem Leben getan habe.[144]
>
> [Venus Williams]

---

[144] Williams, Venus & Serena, with Beard, Hilary: Venus & Serena - Serving From The Hip, S. 53

Im Sport liegen Erfolg und Niederlage oft ganz nah beieinander. Jeder erfolgreiche Hochleistungssportler kann auch ein Lied von seinen Fehlern und Niederlagen singen. Für den Spitzensportler ist es deshalb von ausschlaggebender Bedeutung, dass er lernt, mit diesen Schwächen und Fehlern umzugehen. Er muss seine Fehler erkennen und an ihnen arbeiten, denn mit Ausreden und Rechtfertigungen rücken seine Ziele in weite Ferne. Somit entscheidet der richtige Umgang mit Fehlern letztendlich über den Erfolg des Sportlers.

> Oft sind die bittersten Niederlagen auch die hilfreichsten. Man kann sie nicht einfach wegdiskutieren oder nach Entschuldigungen suchen, die dann nichts weiter als Ausreden sind.[145]

> **[Wladimir Klitschko]**

> Ein Fehler kann mal passieren und deswegen ist es umso wichtiger, dass wir uns davon nicht entmutigen lassen und weiter gut an uns und dem Auto arbeiten.[146]

> **[Sebastian Vettel]**

> Erfolg bedeutet nicht, dass man ständig gewinnen muss. Wirklich erfolgreich sind wir dann, wenn wir nach einer Niederlage wieder auf die Füße kommen.[147]

> **[Muhammad Ali]**

Für den Sportler sind Fehler der beste Wegweiser, wie er es besser machen kann. Er jammert also nicht über seine Unzulänglichkeiten oder sucht einen Schuldigen, sondern er stellt sich seinen Schwächen.

---

[145] Klitschko Vitali u. Wladimir, mit Sellin, Fred: Unter Brüdern, S. 288

[146] Vettel, Sebastian: Tagebuch auf www.sebastianvettel.de, Eintrag Sonntag 10. Juli 2011

[147] Ali, Muhammad/Ali, Hana Yasmeen: Mit dem Herzen eines Schmetterlings, S. 181

Niemand macht immer alles perfekt und nur wer bereit ist, Fehler zu akzeptieren, kann daraus etwas für die Zukunft gewinnen und sich verbessern![148]

[Britta Heidemann]

Die Kritik sollte uns alle anspornen, noch härter zu arbeiten, noch besser zu werden.[149]

[Dirk Nowitzki]

Dasselbe gilt auch für Sie. Wenn Sie Ihren Prüfungserfolg kalkulierbar machen wollen, müssen Sie sich im Vorfeld zwei entscheidende Fragen stellen:

▶ Was mache ich falsch?
▶ Was kann ich besser machen?

Dabei ist es wichtig, dass die schwachen Bereiche keine maßgebliche Bewertung Ihres Könnens oder Ihrer Person darstellen. Genauso wie der Sportler können Sie an diesen noch suboptimal funktionierenden Bereichen arbeiten, bis Sie sie fest im Griff haben.

❗ Denken Sie daran:
Fehler sind Wegweiser, die zum Können führen.

Man darf sich von Rückschlägen nicht entmutigen lassen, sondern sollte versuchen, Fehler zu erkennen, um sie dann im weiteren Verlauf wieder auszubügeln. Genauso sollte man sich seine Stärken auch nochmal ins Gedächtnis rufen, um sie gezielt einzusetzen.[150]

[Britta Heidemann]

---

[148] Heidemann, Britta: Erfolg ist eine Frage der Haltung, S. 210
[149] Höpfel. Jürgen und Frühwirth, Fabian: Einfach Er, S. 137
[150] Heidemann, Britta: Erfolg ist eine Frage der Haltung, S. 125

Die Einstellungsveränderung

Die Einstellung des Sportlers gegenüber Fehlern und Schwächen sollten Sie sich ebenso zu eigen machen. Das bedeutet:

▶ Schluss mit der Opferrolle – Sie haben ein Ziel und Sie wissen, wie Sie dieses Ziel erreichen können. Jegliches Jammern entfernt Sie von Ihrem Ziel.

▶ Erkennen der Eigenverantwortung – Sie selbst haben es in der Hand, wie Sie sich auf Ihre Prüfung vorbereiten. Jegliche Ausrede, warum Sie noch nicht angefangen haben zu lernen, entfernt Sie von Ihrem Ziel.

> „Einstellung, Einbringen, Erreichen." Das war die Reihenfolge, in der du die Dinge erwarten konntest. Du konntest das tägliche Training als Quälerei ansehen oder du sahst es als Abenteuer.[151]
>
> **[Michael Phelps]**

Der Sportler überprüft permanent seine Einstellung zu Leistung und Erfolg. Er sucht keine Ausreden für ein disfunktionales Verhalten, sondern er kommt ins Handeln.

> Anstatt vollkommen zufrieden zu sein mit meinem Surfen, suche ich permanent nach Wegen, es besser zu machen. Es gibt immer Möglichkeiten sich zu verbessern, auch wenn es nur minimal ist.[152]
>
> **[Kelly Slater]**

---

[151] Phelps, Michael, with Abrahamson, Alan: No Limits - The Will To Succeed, S. 69
[152] Slater, Kelly, with Borte Jason: Pipe Dreams, S.240

Aufgabe 11
Arbeitsbogen Nr. 9: Ihre Einstellung

 Auf dem Arbeitsbogen Nr. 9 auf Seite 225 finden Sie verschiedene Bereiche, die sich rund um Ihre Prüfung und deren Vorbereitung drehen. Versetzen Sie sich in jedem Bereich in Ihre Gefühlswelt. Ihre Gefühle sind die Impulsgeber für Veränderungen. Nur wenn Sie zufrieden sind, stellt sich Ihr Unterbewusstsein auf Höchstleistung ein. Sind Sie mit einem Bereich weniger oder gar unzufrieden, wissen Sie sofort: Hier gibt es Handlungsbedarf.

***

🛈 Denken Sie daran:

Sie können die Vergangenheit nicht mehr verändern, aber Sie können aus den Fehlern der Vergangenheit lernen. Bleiben Sie deshalb in allen Bereichen am Ball und arbeiten Sie voller Elan daran. Je mehr Sie ins Handeln kommen, desto höher wird der Grad der Zufriedenheit.

Ich stecke Zeit, Energie, Engagement, Herz und Seele rein.[153]

[Michael Phelps]

Der Schlüssel für diese geplante erfolgreiche Zukunft liegt aber ganz klar auf der Fokussierung in der Gegenwart. Wir nehmen sehr viel mit aus der Vergangenheit und lernen sowohl aus Fehlern und Erfolgen, aber ich denke, dass es am Ende wichtig ist, sich auf das jetzt und hier zu konzentrieren...[154]

[Sebastian Vettel]

---

[153] Phelps, Michael, with Abrahamson, Alan: No Limits - The Will To Succeed, S. 132

[154] Vettel, Sebastian: Tagebuch auf www.sebastianvettel.de, Eintrag Mittwoch 19. Oktober 2011

Aus unseren Seminaren

Wir erleben immer wieder, dass gerade talentierte Menschen nur sehr schwer mit Misserfolgen umgehen können. Sie sind an den Erfolg gewöhnt – eine einzige Niederlage kann sie vollkommen aus der Bahn werfen.

So war es auch bei der Seminarteilnehmerin Martina. Sie hatte ihr Abitur mit der Note 1,6 bestanden und wollte unbedingt Kinderärztin werden. Der Wechsel von der Schule zur Uni brachte jedoch ganz schnell die Ernüchterung. Martina fiel durch eine der zahlreichen Prüfungen. Sofort brach ihr Selbstwertgefühl zusammen. Sie hatte es nicht gelernt, mit Niederlagen umzugehen. So sah sie sich nun durch alle folgenden Prüfungen fallen. Durch diese negativen Gedanken wurde natürlich Dauerstressalarm ausgelöst. Weinkrämpfe, Schweißausbrüche und Schlafstörungen waren die Folge. Nichts ging mehr.

Martina nahm den eigenen Misserfolg als richtungsweisende neue Bewertung. In ihren Gedanken hielt sie sich mehrheitlich bei ihrem Versagen auf. In ihrer Fantasie malte sie sich erneute Misserfolge in allen Farben aus. Die Folge: Das Scheitern war vorprogrammiert.

Der deutsche Fußballtrainer Jürgen Klopp hat in seiner Karriere nicht nur eine schmerzliche Niederlage hinnehmen müssen. Bevor er mit der Mannschaft des BVB Borussia Dortmund seine Erfolge feiern konnte, wurde er von dem damaligen Zweitligisten Mainz 05 vom Spieler zum Trainer befördert. Nach relativ kurzer Zeit ging es durch Jürgen Klopps neue Trainingsmethoden nun darum, den Aufstieg in die Bundesliga zu meistern. Doch sie verpassten den erwünschten Aufstieg knapp.

Nach dem Spiel, das den Nichtaufstieg besiegelte, fehlten sogar dem wortgewandten Trainer die aufbauenden Worte, so groß war die Enttäuschung.

> Es tut so weh, wie man sich das gar nicht vorstellen kann.
> . Es gibt sicherlich schlimmere Dinge auf der Welt, aber in
> diesem Moment fallen mir keine ein. Ich müsste jetzt Parolen
> raushauen, aber ich kann es nicht. Es tut mir leid, für alle, die
> an uns geglaubt haben. Wir sind hart und tief gefallen.[155]

[Jürgen Klopp]

Doch schon ein paar Tage später war der Kampfgeist wieder geweckt. Die Enttäuschung über die Niederlage hatte sich in eine Jetzt-erst-recht!-Stimmung gewandelt.

> Wir werden es wieder versuchen ..., wir werden Gas geben, wie es noch
> nie eine Mannschaft vor uns getan hat im deutschen Profifußball.[156]

[Jürgen Klopp]

Obwohl Jürgen Klopp und seine Mannschaft des Mainz 05 alles daran setzten, sollte es auch in der zweiten Saison nicht mit dem Aufstieg klappen. Wieder einmal kam das Urteil im alles entscheidenden letzten Spiel.

> Irgendjemand hat entschieden, dass irgendwann mal gezeigt werden
> muss, dass man tatsächlich einmal, zweimal, dreimal, vielleicht
> viermal hinfallen kann und immer wieder aufstehen kann ....[157]

[Jürgen Klopp]

Das lang ersehnte und hart umkämpfte Ziel Bundesliga wurde schließlich im dritten Anlauf erreicht.

Immer wieder aufstehen, nicht aufgeben und vor allem aus gemachten Fehlern lernen war genau der Weg, den Jürgen Klopp und Mainz 05 immer wieder gegangen sind. Die Devise

---

[155] Feldner, Claus: Jürgen Klopp - Kleine Geschichte eines außergewöhnlichen Fußballtrainers, S. 49

[156] ebd., S. 50

[157] ebd., S. 55

von Jürgen Klopp, die es unverblümt und direkt auf den Punkt bringt:

> Wer aus seinen Fehlern nicht lernt, ist ein Idiot.[158]

[Jürgen Klopp]

Jürgen Klopp und sein Team haben es somit immer wieder geschafft:

▶ sich von Niederlagen nicht entmutigen zu lassen,

▶ aus Fehlern zu lernen,

▶ Schwächen in Stärken umzuwandeln.

Die Frage, die sich hier stellt: Wie schaffen es Jürgen Klopp und all die anderen Spitzensportler, nach Fehlern oder einer Niederlage neue Kräfte zu mobilisieren und wieder zu siegen? Und das, wohlgemerkt, trotz des großen Drucks, der auf ihnen lastet.

> Ich lasse mich auf meine Aufgaben ein, mit allem was ich habe. Das erwarte ich auch von den Spielern.[159]

[Jürgen Klopp]

Wenn Sie beobachten, wie ein erfolgreicher Spitzensportler mit seinen Fehlern und Niederlagen umgeht, können Sie drei wichtige Schritte erkennen:

▶ Schritt 1: Ehrliche Bestandsaufnahme: Er sammelt alle Fakten, die zu dem Fehler oder der Niederlage geführt haben.

▶ Schritt 2: Umgang mit negativen Emotionen: Er nutzt die negativen Emotionen als Energiequelle zur persönlichen Weiterentwicklung.

▶ Schritt 3: Selbstdisziplin: Er arbeitet an seinen Fehlern und Schwachstellen mit einer ordentlichen Portion Selbstdisziplin, bis diese Fehler behoben haben.

---

[158] ebd., S. 133

[159] ebd., S. 38

Die Niederlage kratzte an meiner Ehre. Sie weckte in mir den Trotz, dieses Jetzt-erst-recht!, das mich weitermachen ließ. Und das den Willen erzeugt, härter zu trainieren, um es beim nächsten Mal besser zu machen und als Sieger aus dem Ring zu steigen.[160]

[Vitali Klitschko]

Schritt 1: Ehrliche Bestandsaufnahme

Bei der Bestandsaufnahme gilt es auch für Sie, alle Fehler und Schwachstellen zu registrieren und die Gründe dafür aufzudecken:

▶ Welche Bereiche funktionieren noch nicht optimal?

▶ Was sind die Ursachen dafür?

▶ Wo muss Verbesserung stattfinden?

Hierbei ist äußerste Sachlichkeit notwendig. Es geht nicht darum, einen Schuldigen zu finden, sondern die Sachlage muss erkannt werden. Nur wer die Fakten kennt, kann einen Plan zur Verbesserung erstellen!

Der Spitzensportler richtet sein ganz besonderes Augenmerk auf diese Bereiche, denn nur so kann er sich weiterentwickeln und aus seinen Fehlern lernen:

...schlechte Situationen bieten uns die Chance, Dinge zu verändern und zu verbessern.[161]

[Venus Williams]

---

[160] Klitschko Vitali u. Wladimir, mit Sellin, Fred: Unter Brüdern, S. 95

[161] Williams, Venus & Serena, with Beard, Hilary: Venus & Serena - Serving From The Hip, S. 32

Es gab verschiedene Gründe, warum ich Wettkämpfe verlor, und ich war darauf aus herauszufinden, welche Gründe das waren. [162]

[Kelly Slater]

Auch für Sie ist es wichtig, immer wieder einen Blick auf das eigene Handeln zu werfen. Jeder kann einmal durch eine Prüfung fallen oder eine Herausforderung nicht packen. Richten Sie dann Ihr besonderes Augenmerk auf die Bereiche, die noch nicht optimal gelaufen sind. Nur indem Sie Ihre Fehler und Schwachbereiche registrieren und analysieren, können Sie daran arbeiten und sich weiter entwickeln. Versuchen Sie nicht, diese Fehler zu rechtfertigen oder unter den Tisch zu kehren, denn dann verharren Sie im Stillstand. Sie haben immer wieder eine Chance, Fehler und Schwächen auszumerzen.

Jeder gewinnt, und jeder verliert hin und wieder. Würden wir nie verlieren, wüssten wir nicht, wozu wir in der Lage sind. [163]

[Muhammad Ali]

Der erfolgreiche Sportler setzt sich also solange mit seinen Schwachstellen und Niederlagen auseinander, bis er den wahren Grund für sein Scheitern entdeckt – nur so hat er die Chance, weiterzukommen und zu wachsen.

---

[162] Slater, Kelly, with Borte Jason: Pipe Dreams, S. 168

[163] ebd. S. 193.

Schritt 2:
Umgang mit negativen Emotionen

Es ist ganz natürlich, dass Niederlagen von negativen Emotionen begleitet werden. Sie sind verzweifelt, sauer und wütend. Sie zweifeln an Ihren Fähigkeiten.

> Meine Erfahrung sagt mir, dass man sich nach einem verlorenen Kampf erst einmal zurückziehen sollte und sich ärgern darf bzw. auch ärgern muss, wenn man seinem eigenen Anspruch nicht gerecht geworden ist.[164]

> **[Britta Heidemann]**

Negative Emotionen sind nicht grundsätzlich schlecht. Sie können dazu benutzt werden, Kampfgeist zu entwickeln. Je stärker diese Emotionen sind, umso mehr können Sie sie für sich selbst nutzen.

> Noch heute ist es so, dass ich an mir zweifele, wenn ich schlecht gespielt habe. Aber ich glaube, dass mich genau das auch immer antreibt.[165]

> **[Dirk Nowitzki]**

> Meine Tränen waren getrocknet, mein Selbstbewusstsein hatte sich zurückgemeldet.[166]

> **[Katarina Witt]**

> Niederlagen motivieren mich, dass war schon damals so.[167]

> **[Vitali Klitschko]**

---

[164] Heidemann, Britta: Erfolg ist eine Frage der Haltung, S. 200

[165] Nowitzki, Dirk: Nowitzki, S. 164

[166] Witt, Katarina: Zwischen Pflicht und Kür, S. 23

[167] Klitschko Vitali u. Wladimir, mit Sellin, Fred: Unter Brüdern, S. 223

So verwandeln Sie Ihre negativen Emotionen in Energiequellen:

▶ Richten Sie all Ihre Gefühle auf das nächste Ziel.

▶ Erinnern Sie sich an Ihre Erfolge.

▶ Überlegen Sie sich eine bessere Strategie.

▶ Sehen Sie sich als Sieger.

▶ Motivieren Sie sich mit Ihrem Mut- & Anfeuerungssatz.

❗ Denken Sie daran:
Verändern Sie Ihre Einstellung gegenüber Ihren Fehlern und Schwachstellen. In jedem Fehler liegt die Chance zur Weiterentwicklung.

Man verliert nicht wirklich, wenn man für das kämpft, woran man glaubt. Wir verlieren, wenn wir nicht für das kämpfen, was uns wichtig ist.[168]

[Muhammad Ali]

Schritt 3: Selbstdisziplin

Selbstdisziplin hilft Ihnen, auf kürzestem Weg zum Ziel zu kommen, und zwar zu jedem Ziel, das Sie sich setzen! Diese Selbstdisziplin macht jedoch vielen Menschen zu schaffen. Sie verharren im Problem und werfen zu schnell die Flinte ins Korn. Veränderungen schaffen Sie dann, wenn Sie unabdingbar an Ihrem Ziel festhalten, es nicht in Frage stellen und dafür weiterhin kämpfen.

---

[168] Ali, Muhammad/Ali, Hana Yasmeen: Mit dem Herzen eines Schmetterlings, S. 193

Durchhaltevermögen und Disziplin gehören immer dazu
– auch für die, denen scheinbar alles zufliegt.[169]

[Britta Heidemann]

Du kannst jetzt nur weiter hart an dir arbeiten. Also
trainierte ich noch mehr als die anderen,...[170]

[Dirk Nowitzki]

Ich war bereit, mir jeden Tag meinen Traum zu erarbeiten,
auch wenn ich mich manchmal nicht gut fühlte.[171]

[Venus Williams]

❗ Denken Sie daran:

**Fehler führen zum Wachstum, wenn Sie Fehler als Chancen
erkennen.**

Mein härtester Gegner war immer ich selbst.[172]

[Muhammad Ali]

Sie haben es also selbst in der Hand, wie Sie mit den negativen Ereignissen, die Ihnen widerfahren, umgehen.

▶ Ist Ihnen Ihr Ziel wirklich wichtig?

---

[169] Heidemann, Britta: Erfolg ist eine Frage der Haltung, S. 37

[170] Nowitzki, Dirk: Nowitzki, S. 162

[171] Williams, Venus & Serena, with Beard, Hilary: Venus & Serena - Serving From The Hip, S. 5

[172] Ali, Muhammad/Ali, Hana Yasmeen: Mit dem Herzen eines Schmetterlings, S. 196

- Welchen Preis sind Sie bereit, für die Erreichung dieses Ziels zu bezahlen?
- Sind Sie ein echter Sieger?

> Ich habe gelernt, dass man seinen Erfolg selbst in der Hand hat. Es kommt darauf an, sich Ziele zu setzen. Und dann kommt es auf den Willen und die Disziplin an.[173]
>
> **[Katarina Witt]**

> Es gibt da so einen Spruch, der es genau trifft: Taten sagen mehr als Worte. Dieser Spruch ist 100 Prozent wahr.[174]
>
> **[Michael Phelps]**

Aufgabe 12
Arbeitsbogen Nr. 10: Ihre Fehleranalyse

Beschäftigen Sie sich jetzt auf Seite 227 intensiv mit Ihren Fehlern und Schwachstellen Bleiben Sie dabei äußerst sachlich und distanziert. Widmen Sie sich danach den Verbesserungsmöglichkeiten. Was genau wollen Sie unternehmen, um Ihre Schwachstellen zu beheben? Wann fangen Sie damit an?

***

❗ Denken Sie daran:

Stärken Sie Ihre Stärken und schwächen Sie Ihre Schwächen.

---

[173] Witt, Katarina: Gesund und Fit mit Kati Witt, S. 57
[174] Phelps, Michael, with Abrahamson, Alan: No Limits - The Will To Succeed, S. 62

Das Schöne am Fluss des Lebens ist ja, dass Sie, sobald Sie Ihr
Gleichgewicht wiedergefunden haben, voller Elan und Energie sind,
um dann volle Kraft voraus neue Ziele angehen zu können.[175]

[Britta Heidemann]

Die Teilnehmerin Martina hat es übrigens geschafft, Ihr
Prüfungs-Problem in den Griff zu bekommen. Während des
Seminars stellte sie bei ihrer Fehleranalyse fest, dass sie
dem Lernen für das Studium einfach nicht die nötige Aufmerksamkeit geschenkt hatte. Wie wir vor kurzem erfahren
haben, hat sie die Strategien aus unserem Seminar auch
weiterhin konsequent angewendet. Mittlerweile hat sie ihre
damaligen schulischen Erfolge jetzt auch auf ihr Studium
übertragen.

Wenn man sich eine positive Einstellung
und eine optimistische Sichtweise des Lebens bewahrt,
verliert das Negative die Macht, uns unglücklich zu machen.[176]

[Muhammad Ali]

[175] Heidemann, Britta: Erfolg ist eine Frage der Haltung, S. 243

[176] Ali, Muhammad/Ali, Hana Yasmeen: Mit dem Herzen eines Schmetterlings, S. 233

Fazit:

Ihr Trainingsplan für Strategie IV: Die Fehleranalyse

▶ Nehmen Sie Fehler und Niederlagen als natürlichen Bestandteil Ihres Lebens an.

▶ Machen Sie bei Fehlern und Schwachstellen immer eine sachliche Bestandsaufnahme.

▶ Entwickeln Sie eine neue Strategie.

▶ Verwandeln Sie Ihre negativen Emotionen in Kampfgeist: Jetzt erst recht!

▶ Arbeiten Sie unerlässlich an Ihren Fehlern.

„Eine gute Zeit-
einteilung ist ein
großer Schritt in
Richtung Effizienz –
und damit auch zu
mehr Freizeit."
[Britta Heidemann]

Strategie V: Der Trainingsplan
Wie Sie das Unternehmen Prüfung erfolgreich angehen

... es gibt eine direkte Verbindung zwischen dem, was du
reinsteckst und dem, was du rausbekommst.[177]

[Michael Phelps]

Dauerhafter Erfolg kommt nicht von ungefähr! Nur, wer sich systematisch und geplant auf eine Herausforderung vorbereitet, kann seine Bestleistung ganz bewusst abrufen.

Ich bereite mich wochenlang auf dieses Ereignis vor. Ich
trainiere so, dass ich mich exakt in der Sekunde, in der
der Kampf losgeht, in Höchstform befinde. Genau auf den
Punkt, nicht vorher und nachher sowieso nicht.[178]

[Vitali Klitschko]

Im Sport geht es darum, die eigenen Fähigkeiten zu verbessern. Dazu bedarf es eines konsequenten Trainings – sprich: eines definierten Zeitabschnitts, der dafür genutzt wird, das eigene Können zu steigern. Erfolgreiche Sportler arbeiten deshalb nach einem ausgeklügelten Trainingsplan. Niemals wird hier irgendetwas dem Zufall überlassen. Dieser Trainingsplan widmet sich sowohl der physischen als auch der psychischen Seite. Je ausgeklügelter dieser Plan ist, umso effektiver wird er sein.

---

[177] Phelps, Michael, with Abrahamson, Alan: No Limits - The Will To Succeed, S. 5
[178] Klitschko Vitali u. Wladimir, mit Sellin, Fred: Unter Brüdern, S. 301

Ich muss einen festen Plan haben, wenn ich trainiere, dem ich strikt folge. Ich habe eine bestimmte Zeit zum Laufen, eine bestimmte Zeit für die Rückkehr in meine Blockhütte, eine bestimmte Zeit zum Essen, zum Ausruhen, zum Arbeiten im Trainingssaal. Ich musste mich dazu erziehen, ... All diese Dinge mussten genau ausgearbeitet werden.[179]

[Muhammad Ali]

Änderungen nehme ich nur vor, um eine Atempause zu haben oder wenn es nicht gut läuft und ich das Training daher anpassen muss.[180]

[Britta Heidemann]

Der Trainingsplan gibt dem Spitzensportler Sicherheit. Er kann stets überprüfen, wo er sich mit seinen Leistungen und seiner körperlichen Fitness befindet. Dabei richtet er sein besonderes Augenmerk auf die Fähigkeiten, die er noch nicht optimal beherrscht. Wenn Probleme auftreten, kann er seinen Trainingsplan jederzeit abändern. Dadurch bleibt der Sportler ruhig und gelassen. Er weiß, dass er alles tut, was in seiner Macht steht, um sein Ziel zu erreichen.

Sicher kann man hier und da noch ein paar Dinge verbessern, aber dafür ist das freie Training ja da, um solche Dinge zu erkennen.[181]

[Sebastian Vettel]

Wenn ich viel trainiert habe, fühle ich mich gut vorbereitet. Meine Psyche reagiert darauf, denn ich gehe selbstbewusster ins Turnier ... weil es mir für die Seele und den Kopf gutgetan hat.[182]

[Britta Heidemann]

---

[179] Ali, Muhammad/ Durham, Richard: Der Größte, S. 389

[180] Heidemann, Britta: Erfolg ist eine Frage der Haltung, S. 218

[181] Vettel, Sebastian: Tagebuch auf www.sebastianvettel.de, Eintrag Freitag 15. April 2011

[182] Heidemann, Britta: Erfolg ist eine Frage der Haltung, S. 218

❗ Denken Sie daran:

Planung ist das Fundament des Erfolgs. Wer nach einem Plan trainiert oder lernt und nicht aufgibt, wird mit Können und Erfolg belohnt.

Alle Dinge, die man im Vorbeigehen erledigt, haben keinen Wert.[183]

[Jürgen Klopp]

Der Lerntrainingsplan

Auch für Sie ist ein ausgeklügelter Trainingsplan unerlässlich! Wer organisiert lernt, behält den Überblick. Deshalb sind die richtige Lernorganisation und das Erstellen eines optimalen Lerntrainingsplans Grundbedingungen, um ruhig und gelassen in die Prüfung zu gehen. Wenn Sie nicht richtig lernen, dann nützen Ihnen auch die besten mentalen Strategien nichts. Das Unterbewusstsein lässt sich nicht betrügen! Es wird unweigerlich Alarm schlagen. Um dies zu verhindern, sollte Ihr Lerntrainingsplan aus folgenden Elementen bestehen:

Der Lernüberblick

Verschaffen Sie sich zunächst einen Überblick über das gesamte Lernpensum und besorgen Sie sich möglichst sämtliche Literatur. Nur wenn Sie wissen, was von Ihnen verlangt wird, können Sie einen ordentlichen Plan erstellen. Benutzen Sie die Literaturrecherche aber nicht, um den Lernbeginn hinauszuzögern!

---

[183] Feldner, Claus: Jürgen Klopp - Kleine Geschichte eines außergewöhnlichen Fußballtrainers, S. 117

Der Lernzeitplan

Zeit verrinnt kontinuierlich und unwiderruflich! Ehe man sich versieht, steht die Prüfung vor der Tür. Die meiste Energie und Zeit verpufft, weil klare Ziele, Planung, Prioritäten und Übersicht fehlen.

❗ Denken Sie daran:

Wenn man das Gefühl hat, nicht Herr der Lage zu sein, entsteht Stress. Deshalb ist es wichtig, eine klare Planung vorzunehmen.

> Unterschätzen Sie nicht die nervliche Belastung, die dadurch entsteht, dass man nicht mehr genau weiß, was man am jeweiligen Tag noch erledigen muss, ...[184]
>
> **[Britta Heidemann]**

Fangen Sie deshalb so früh wie möglich mit dem Lernen an! Je früher Sie damit beginnen, desto lockerer sieht Ihr Lerntrainingsplan aus.

Richtige Planung bedeutet Zeitgewinn! Mit einem geringen Mehraufwand an Planungszeit gewinnen Sie Zeit fürs Lernen. Wer seinen Arbeitstag zehn Minuten lang vorbereitet und konsequent in Angriff nimmt, kann täglich eine Stunde Zeit für das Wesentliche herausholen.

> Meinen Stundenplan machte ich mir jeden Tag selbst.[185]
>
> **[Muhammad Ali]**

Machen Sie deshalb Ihre Zeitpläne immer schriftlich! Zeitpläne, die man nur im Kopf hat, verlieren an Übersichtlichkeit und werden leichter umgeworfen.

Schriftliche Pläne bedeuten zudem:

▶ eine Arbeitsentlastung für das Gedächtnis,

---

[184] Heidemann, Britta: Erfolg ist eine Frage der Haltung, S. 135

[185] Ali, Muhammad/ Durham, Richard: Der Größte, S. 390

- eine erhöhte Motivation,
- eine Dokumentation der geleisteten Arbeit.

Wenn Sie mit Zeitplänen arbeiten, empfiehlt es sich, mit der Planung für eine Woche zu beginnen. Eine Woche wird Ihrem Lebensrhythmus am ehesten gerecht. So haben Sie immer wieder genügend Spielraum, um eine gute Planung vorzunehmen und eine sinnvolle Balance zwischen Freizeit und Lernzeit herzustellen. Planen Sie dann jeden einzelnen Tag in dieser Woche.

Ein realistischer Tagesplan sollte grundsätzlich nur das enthalten, was Sie an diesem Tag erledigen wollen, erledigen müssen und realistisch betrachtet auch schaffen können. Im Prüfungsfall also Ihr Lernpensum, darüber hinaus Termine, Telefonate, periodisch wiederkehrende Aufgaben, Unerledigtes vom Vortage, neu hinzugekommene Tagesarbeiten und Ihre Freizeit – vergessen Sie nicht, auch ihre Freizeit mit einzuplanen.

> Die Spieler sollten mehr Spaß bei Ihrer Arbeit haben, was wiederum eine höhere Motivation bewirkte. Vor allem aber: Die Mannschaft wurde selbstbewusster.[186]
>
> [Jürgen Klopp]

Das Lernen

Jetzt geht es ans Lernen! Lernen bedeutet die eigene Beschäftigung mit dem Stoff, der für die anstehende Prüfung relevant ist. Dabei spielen die Konzentration auf den Inhalt und die anschließende Wiedergabe des Gelernten eine entscheidende Rolle. Es heißt also nicht einfach nur Lesen, sondern Lernen steht für einen aktiven Prozess.

---

[186] Feldner, Claus: Jürgen Klopp - Kleine Geschichte eines außergewöhnlichen Fußballtrainers, S. 39

Die Lerndauer

Lernen Sie niemals länger als eine halbe Stunde am Stück! Die Lerneinheit der halben Stunde ist wissenschaftlich erprobt und hat viele Vorteile:

▶ Sie bleiben hochkonzentriert!

▶ Sie können sich immer wieder neu motivieren!

▶ Sie speichern das Gelernte immer optimal ab!

▶ Sie bleiben durch die regelmäßigen Pausen fit und leistungsfähig!

Die Lernpausen

Nach dreißig Minuten sollten Sie eine Pause von fünf Minuten einlegen. Dabei sollten Sie stets den Arbeitsplatz kurz verlassen, einige Atemzüge am geöffneten Fenster machen, sich recken und strecken. Dies bringt Ihren Kreislauf in Schwung und erhöht anschließend Ihre Denkleistung.

Nach einer Stunde (sprich: zwei Lern-Halbstunden) sollten Sie eine Pause von zehn Minuten machen, in der Sie etwas essen oder trinken können. Nach zwei Stunden (vier Lern-Halbstunden) sollte eine größere Pause von mindestens 30 Minuten eingelegt werden. Nun sollten Sie nach draußen gehen.

Erkennen Sie die Wichtigkeit von Pausen! Pausen bedeuten Ressourcen-Aufbau. Sie sind keinesfalls verlorene Zeit. Im Gegenteil: Es geht darum, dass Sie so optimal wie möglich lernen. Wenn Sie ausgepowert sind und trotzdem weiterlernen, werden Sie ineffizient. Damit vergeuden Sie wertvolle Zeit!

> ... sollte man sich trotz des hohen Zeitdrucks
> am besten eine Pause gönnen.[187]
>
> **[Britta Heidemann]**

---

[187] Heidemann, Britta: Erfolg ist eine Frage der Haltung, S. 49

Erholungsphasen sind keine unnötige Zeitverschwendung.[188]

[Katarina Witt]

Die Lernzeit

Es empfiehlt sich, nicht länger als vier Stunden (acht Lern-Halbstunden) am Tag zu lernen. Anschließend können Sie sich Ihren allgemeinen Aufgaben oder Ihrer Freizeit widmen. Während dieser Zeit wird das Gelernte sehr gut verarbeitet.

In meiner Jugend habe ich mich viel schneller bewegt als heute, dadurch aber auch viel verpasst.
Meine Krankheit hat mich gelehrt, mich langsamer zu bewegen und kleine Schritte zu machen.[189]

[Muhammad Ali]

Jeder Mensch hat seinen eigenen Biorhythmus. Dies bedeutet, dass Sie zu bestimmten Zeiten unterschiedlich leistungsfähig sind. Allgemeingültig ist, dass nahezu alle Menschen am Vormittag ihre aufnahmefähigste Zeit haben. Gewöhnen Sie sich deshalb nach Möglichkeit an, die schwierigsten Aufgaben immer am Vormittag zu erledigen. Hier ist Ihre Leistungskurve am besten.

Zwischen 12 und13 Uhr beginnt das Mittagstief. Der Geist braucht nun Zeit, um zu entspannen, um wieder neue Ressourcen aufzubauen. Deshalb sollten Sie in dieser Zeit eine lange Pause machen.

Zwischen 14 und 17 Uhr steigt die Leistungskurve erneut an. Nun gilt es wieder, herausfordernde Aufgaben zu erledigen. Vor allem für Berufstätige und Personen, die bis zum Nachmittag anderen Verpflichtungen nachgehen, spielt dies eine entschei-

---

[188] Witt, Katarina: Gesund und Fit mit Kati Witt, S.41
[189] Ali, Muhammad/Ali, Hana Yasmeen: Mit dem Herzen eines Schmetterlings, S. 217

dende Rolle. Nutzen Sie den (späten) Nachmittag zum Lernen. Dann arbeitet Ihr Gehirn wieder effektiv.

Der Lerninhalt

Widmen Sie sich immer nur einer einzigen Aufgabe, d. h., lernen Sie nur für ein Fach oder ein Thema. Das Gehirn muss in der Prüfungszeit Hochleistungen vollbringen. Alles muss vom Kurz- ins Langzeitgedächtnis transportiert werden. Deshalb ist es wichtig, dass Sie sich immer längere Zeit mit einem Inhalt beschäftigen. Dadurch wird der Stoff besser abgespeichert und später auch leichter wieder abgerufen.

Die Lernwiedergabe

Wenn Sie einen Text gelesen haben, so wiederholen Sie ihn.

▶ Sind Sie ein auditiver Typ (Hauptsinnesorgane sind die Ohren), dann sagen Sie sich den Text laut auf.

▶ Sind Sie ein visueller Typ (Hauptsinnesorgane sind die Augen), dann rekapitulieren Sie ihn vor Ihrem geistigen Auge, oder schreiben Sie das Gelernte stichwortartig auf.

Die Lerngruppe

Arbeiten Sie auch in einer Lerngruppe. Drei Personen sind optimal. Allerdings sollten diese drei Personen das gleiche Lernpensum und Ausgangsniveau haben. Die Lerngruppe bietet Ihnen viele Vorteile:

▶ Sie trainieren, vor anderen zu sprechen.

▶ Sie können sich gegenseitig abfragen und helfen.

▶ Sie wissen, wo Sie sich mit dem Lernstoff befinden.

▶ Sie steigern Ihre Motivation.

▶ Sie haben mehr Spaß.

Das macht mich stark, wenn ich jemandem helfen kann.[190]

[Muhammad Ali]

Ich habe begriffen, dass es die richtige Mischung aus Spaß am Spiel und Disziplin braucht, um ein Spiel zu gewinnen.[191]

[Jürgen Klopp]

Wichtig ist nur, dass dabei nicht wertvolle Zeit vergeudet wird. Die Pausengestaltung muss genau abgesprochen und eingehalten werden. Achten Sie darauf, dass Sie sich nicht gegenseitig herunterziehen, sondern – ganz im Gegenteil – anspornen. Denken Sie auch daran, dass Sie in der Gruppe sehr gut einander Themen erklären und sich gegenseitig abfragen können – lernen und abspeichern muss die Inhalte allerdings jeder für sich alleine.

Das war eine völlig neue Situation für mich, ganz alleine zu trainieren, und oft musste ich mich dazu zwingen.[192]

[Dirk Nowitzki]

Die Lernenergie

Haben Sie irgendwann das Gefühl, dass Sie nichts mehr behalten oder alles vergessen haben, so ist das normal. Kein Grund zur Panik. Gönnen Sie sich dann eine längere Lernpause. Der Geist muss sich erholen. Nach einer längeren Pause sind Sie wieder fit!

Energie ist ein wichtiger Bestandteil der Höchstleistungszone. Wenn Sie zu wenig Energie haben, leiden die Leistungen zwangsläufig darunter. Ihr Energiespiegel kann durch zuviel Arbeit auf einen absoluten Tiefstand fallen. Die Prüfungsvorberei-

---

[190] Ali, Muhammad/Durham, Richard: Der Größte, S. 250

[191] Feldner, Claus: Jürgen Klopp - Kleine Geschichte eines außergewöhnlichen Fußballtrainers, S. 41

[192] Nowitzki, Dirk: Nowitzki, S. 251

tungszeit ist eine Zeit absoluter Höchstbelastung. Sie müssen sicherstellen, dass Sie im Ernstfall genügend Energiereserven zur Verfügung haben.

> Unser Geist muss die Erlebnisse und Eindrücke verarbeiten
> können, wir alle brauchen immer wieder Ruhepausen, in denen
> wir regenerieren können. Um wieder geistig und körperlich fit
> und mit Begeisterung in die nächste Runde gehen zu können,
> muss ich mich nach einer hohen Belastung erholen.[193]

[Britta Heidemann]

> ... ohne die Pausen könnte ich das, was ich tue,
> nicht annähernd so gut machen.[194]

[Michael Phelps]

Die Lernhaltung

Die Einstellung, mit der Sie an eine Aufgabe herangehen, und der innere Dialog, den Sie führen, gehören zu den Faktoren, die Ihr Energieniveau beeinflussen. Fitness, Schlaf, gesunde Ernährung sind nun besonders wichtig. Geben Sie Ihrem Körper die optimale Unterstützung!

Wenn ich mich fit und gesund fühle, fühle ich mich auch im Kopf stark.[195]

[Katarina Witt]

Sport und Fitness haben einen großen Einfluss auf die Stimmungslage. Bewegung ist eine wirksame Möglichkeit, ein hohes Energieniveau aufrecht zu erhalten.

Leichte Gymnastik und Dehnübungen wirken belebend und energiefördernd. Beide regen den Kreislauf an und verbessern die Sauerstoffzufuhr. Dadurch erhöht sich die Energie, die Ge-

---

[193] Heidemann, Britta: Erfolg ist eine Frage der Haltung, S. 118

[194] Phelps, Michael, with Cazeneuve, Brian: Beneath The Surface, S. 242

[195] Witt, Katarina: Gesund und Fit mit Kati Witt, S. 41

hirn und Muskeln zugeführt wird. Achten Sie allerdings darauf, dass die Übungen vor einer anspruchsvollen Aufgabe nicht zu anstrengend sind.

> Frische Luft tut dem Geist gut. Auch während eines Wettkampfes versuchen wir Athleten, so häufig wie möglich nach draußen und ans Tageslicht zu kommen, um die Gedanken wieder besser zu sammeln zu können.[196]

[Britta Heidemann]

Der Lernort

Der Ort, an dem Sie lernen, beeinflusst ganz entscheidend, wie konzentriert Sie lernen und wie gut Sie den Stoff abspeichern. Lernen Sie an einem gut beleuchteten Tisch. Schieben Sie Ihren Schreibtisch an eine Wand. Stellen Sie ihn nicht an ein Fenster, da Sie sonst immer wieder abgelenkt werden. Denken Sie daran, Ihr „Innerer Schweinehund" lauert überall. Auf Ihrem Schreibtisch sollten auch immer nur die Unterlagen liegen, die Sie aktuell bearbeiten möchten. Prüflinge aus der „Inneren Schweinehund"-Gruppe haben einen Ihrer Anfeuerungssätze, Prüfungskandidaten aus der „Inneren Kampfhund"®-Gruppe einen Mutsatz in Augenhöhe aufgehängt.

> Es ist kein Zuckerschlecken, es geht um die Wurst.[197]

[Sebastian Vettel]

> Beruhige deinen Geist.[198]

[Kelly Slater]

---

[196] Heidemann, Britta: Erfolg ist eine Frage der Haltung, S. 158

[197] Vettel, Sebastian: Tagebuch auf www.sebastianvettel.de, Eintrag Samstag 11. Juni 2011

[198] Slater, Kelly, with Borte Jason: Pipe Dreams, S. 312

Der Lernwille

Der Durchhaltewille wird in der Prüfungsvorbereitungszeit auf eine harte Probe gestellt. Sehr schnell beschleicht Sie das Gefühl, dass das Leben freudlos und ohne jegliche Aussicht auf Besserung ist.

Nichts gibt nun mehr Antrieb als der Gedanke an das Ziel, das Sie anstreben. Das Siegerbild Ihres großen Traums erfüllt Sie mit neuer Energie.

Benutzen Sie jetzt anspornende Energieformeln:

▶ Los, los!

▶ Aber jetzt!

▶ Nichts kann mich aufhalten!

▶ Jetzt werde ich es euch zeigen!

▶ Jetzt sollt Ihr mich kennen lernen!

> Wenn ich nicht in der richtigen Stimmung für Training war,
> dann brachte ich mich in die richtige Stimmung.[199]
>
> **[Michael Phelps]**

❗ Denken Sie daran:

Nur wer bereit ist, einen hohen Preis zu bezahlen, der wird sein Ziel erreichen.

> ... ich werde alles geben, dieses Ziel zu erreichen.[200]
>
> **[Sebastian Vettel]**

---

[199] Phelps, Michael, with Abrahamson, Alan: No Limits - The Will To Succeed, S. 132

[200] Vettel, Sebastian: Tagebuch auf www.sebastianvettel.de, Eintrag Samstag 9. Juni 2012

Von Anfang an wollte ich unbedingt der beste Boxer aller Zeiten werden. Mir war klar, dass ich mit voller Konzentration und vollem Einsatz daran arbeiten musste. [201]

[Muhammad Ali]

Das ist mein Traum – Träume soll man sich erfüllen – auch wenn man das Letzte dafür geben muss. [202]

[Katarina Witt]

Um es an die Spitze zu schaffen, musst du deinem Ziel treu bleiben, egal was kommt. [203]

[Venus Williams]

Meine kämpferische Seite übernahm das Regiment und wenn dafür meine anderen Lebensbereiche etwas warten mussten, dann sollte es eben so sein. [204]

[Kelly Slater]

[201] Ali, Muhammad/Ali, Hana Yasmeen: Mit dem Herzen eines Schmetterlings, S. 53

[202] Witt, Katarina: Zwischen Pflicht und Kür, S. 214

[203] Williams, Venus & Serena, with Beard, Hilary: Venus & Serena - Serving From The Hip, S. 5

[204] Slater, Kelly, with Borte Jason: Pipe Dreams, S. 168

Aufgabe 13
Arbeitsbogen Nr. 11: Ihr Lerntrainingsplan

 Auf dem Arbeitsbogen Nr. 11 auf Seite 229 finden Sie eine Erklärung zu Ihrem Lerntrainingsplan. Anhand von drei Beispielen können Sie sich danach für einen Plan entscheiden, oder eine Kombination aus den verschiedenen Plänen erstellen. Anschließend erfahren Sie, wie Sie es schaffen, Ihren Lerntrainingsplan motiviert bis zur Prüfung durchzuführen.

***

Sollten Sie Ihren Plan einmal nicht einhalten können, so hadern Sie nicht mit sich. Lassen Sie sich nicht entmutigen. Dies ist ein schlimmer Motivationskiller. Loben Sie sich für das, was Sie bisher erreicht haben und erhöhen Sie einige Tage lang das Lernpensum, damit Sie das Versäumte wieder aufholen.

Ich bin sicher, dass für ein gutes Zeitmanagement ein gewisser Grad an Flexibilität nötig ist. Vor allem ist es wichtig, dass man nicht bei der kleinsten Abänderung eines vorher abgesteckten Plans in Panik verfällt.[205]

[Britta Heidemann]

Wichtige Lernhinweise

Es gibt viele Prüfungskandidaten, die durch Prüfungen fallen, obwohl sie sich lange mit dem Stoff beschäftigt und viel gelernt haben. In diesem Fall haben es die Lernenden dann nicht verstanden, sich systematisch vorzubereiten. Die Bewertung:

---

[205] Heidemann, Britta: Erfolg ist eine Frage der Haltung, S. 136

„Ich kann soviel lernen wie ich will, bei mir hat das alles keinen Sinn!" ist schnell zur Hand – Eine neue negative Schublade wird angelegt, welche ein zukünftiges Lernverhalten ebenso negativ beeinflussen wird.

Menschen, die sich ohne Probleme eine große Menge Lernstoff merken und ihn leicht abrufen können, sind dabei nicht intelligenter als andere, sondern sie verfügen lediglich über geeignete Lerntechniken. Wissenschaftliche Untersuchungen haben festgestellt, dass dann effektiv gelernt wird, wenn der Stoff gedanklich auf unterschiedliche Weise bearbeitet wird. Das alleinige Lesen stellt keine gute Lernstrategie dar, sondern die Texte müssen auch nachbearbeitet werden.

Der Lernprozess wird durch Mitschreiben wesentlich beeinflusst. Auch hier stellten Untersuchungen fest: mitgeschriebene Texte werden nach einer Woche siebenmal häufiger erinnert, als Gedanken, die nicht schriftlich fixiert wurden. Dabei müssen die Mitschriften gut strukturiert sein, um diesen Effekt zu erzielen. Texte müssen auf das Wesentliche gekürzt werden; was zählt, sind die Fakten. Je weniger Nebensächliches und Überflüssiges notiert wird, umso besser wird gelernt.

Möglichkeiten für die Reduzierung von Informationen:

▶ Unterstreichen der wichtigsten Punkte

▶ Herausschreiben der zentralen Begriffe

▶ Durchstreichen von Unwesentlichem

▶ Text unter bestimmten Fragestellungen durcharbeiten

▶ Zusammenfassung in eigenen Worten

Die besten Tipps für effektives Lernen

▶ Aktivierung des Unterbewusstseins: Wiederholen Sie das Gelernte vor dem Schlafengehen

► Festigung über den auditiven Kanal: Sprechen Sie die Zusammenfassung des Inhalts auf Band und hören Sie sich es immer wieder an.

► Inhalte verstehen versus Auswendiglernen: Schreiben Sie sich Stichworte heraus und halten Sie einen Vortrag über den Lernstoff.

► Festigung des Lerninhalts: Erzählen und erklären Sie jemandem im Gespräch, was in Ihren Texten steht.

► Nachspielen der Prüfungssituation: Lassen Sie sich abhören.

► Vertiefung des Lerninhalts und Wissens-Check: Stellen Sie sich selber Fragen zum Text und beantworten Sie diese Fragen laut.

► Knüpfen von Zusammenhängen: Setzen Sie die Informationen in Bezug zu schon bekannten Inhalten.

► Lernen mit Karteikarten

Die Bedeutung des altbewährten Lernsystems „Karteikarten" soll hier nochmals unterstrichen werden. Gerade, wenn Sie sich über einen langen Zeitraum vorbereiten, ist das Lernen mit Karteikarten ideal. Suchen Sie sich einen Schuhkarton und falten Sie DIN-A4-Blätter auf die Hälfte. Nehmen Sie möglichst etwas dickeres Papier als üblich. Notieren Sie nun oben in die Ecke zunächst das Thema, das Buch, aus dem Sie den Inhalt haben, und zum Schluss die Seitenzahl, auf der der Text steht. Nach dem Lesen des Textes machen Sie sich Stichpunkte, mit denen Sie den Text wiedergeben können. Bitte notieren Sie sich nur einzelne Wörter als Stichpunkte und keine Sätze. Nachdem Sie sich die Stichworte notiert haben, versuchen Sie anhand dieser Wörter, den Inhalt des Textes wiederzugeben. Wenn es Ihnen gelingt, dann legen Sie die Karteikarte in den Karton. Haben Sie Schwierigkeiten, den Text anhand Ihrer Stichpunkte wiederzugeben, dann fügen Sie noch Stichpunkte hinzu, so dass Ihnen die Wiedergabe des Inhalts im Anschluss gelingt. Sobald Sie verschiedene Themenbereiche in Ihrem Schuhkarton gesammelt haben, unterteilen Sie die Karteikarten nach diesen Themen.

Jetzt können Sie sich immer wieder eine Karteikarte schnappen und schauen, ob Sie den Inhalt des Textes gut wiedergeben können. Gelingt dies, kann die Karteikarte wieder in den Karton. Bei Schwierigkeiten schauen Sie einfach unter der jeweiligen Seitenzahl nach. Eventuell müssen Sie noch ein paar Punkte hinzufügen.

Sie werden sehen, dass Sie sich anhand dieser Stichpunkte Schubladenöffner zu den jeweiligen Inhalten einrichten. In der Prüfung werden Sie sich automatisch an diese Stichpunkte und somit an den jeweiligen Inhalt des Textes erinnern.

Buchtitel: *Bestanden wird im Kopf*
Thema: *Innerer Dialog*
Seite: ab 71

- **Negativ**

- **Misserfolg**

- **Stopp**

- **Mut-& Anfeuerungssatz**

- **Training**

- **Erfolg**

❗ Denken Sie daran:

Je kreativer Sie sich mit dem Lernstoff auseinandersetzen, umso größer wird Ihr Lernerfolg

Es muss Spaß machen, damit wir dranbleiben.[206]

[Katarina Witt]

Es gibt unterschiedliche Lerntechniken. Lerntechniken eignen sich vor allem dann, wenn Sie bestimmte Abfolgen auswendig lernen müssen. Suchen Sie sich eine Lerntechnik wie z. B. die Loci-Methode oder die Akronymen-Technik aus, die zu Ihnen passt. Literaturhinweise zu Lerntechniken finden Sie im Anhang.

Wenn Du aufhörst zu lernen, wirst du schnell alt und stirbst, weil das Leben aus Lernen besteht.[207]

[Kelly Slater]

---

[206] Witt, Katarina: Gesund und Fit mit Kati Witt, S. 23

[207] Slater, Kelly, with Jarrat, Phil: For The Love, S. 166

**Fazit:
Ihr Trainingsplan für Strategie V:
Der Lerntrainingsplan**

▶ Besorgen Sie sich sämtliche Lern-Infos.

▶ Lernen Sie ausschließlich nach Ihrem Lerntrainingsplan.

▶ Erstellen Sie Ihren Plan nach Ihrem Biorhythmus.

▶ Lernen Sie niemals länger als eine halbe Stunde am Stück.

▶ Achten Sie auf eine optimale Pausengestaltung.

▶ Verlassen Sie während der Pausen immer den Arbeitsplatz.

▶ Sorgen Sie dafür, dass Sie das Lernpensum zunächst verstehen.

▶ Teilen Sie das Pensum in kleine Einheiten auf.

▶ Lernen Sie mit dem Karteikartensystem.

▶ Üben Sie während der Pausen keine aufreizenden Tätigkeiten aus (Fernsehen gucken, anspruchsvolle Literatur lesen oder Streitgespräche führen). In den Pausen soll das Gelernte abgespeichert werden.

▶ Visualisieren Sie immer wieder Ihr Siegerbild.

▶ Spornen Sie sich mit Ihren Mut- und Anfeuerungssätzen an!

„Ich lasse mich von meinen
Weg nicht abbringen."
[Kati Witt

Strategie VI:
Die Hindernisse
Wie Sie mit künftigen Problemen effektiv umgehen

Wenn Sie ihre Bestimmung gefunden haben,
können Ihnen auch alle Hindernisse nichts anhaben![208]

[Muhammad Ali]

Sie haben nun fünf Strategien kennen gelernt, die Sie zu einer erfolgreichen Prüfung führen können. Vielleicht freuen Sie sich darauf, nun alles in die Tat umzusetzen! Voller guter Vorsätze und hoch motiviert begeben Sie sich an die Arbeit!

Doch vielleicht kennen Sie das ja bereits: Sie starten voller Elan, aber dann holt der Alltag mit seinen Hindernissen Sie wieder ein:

▶ Da ist Ihre Umwelt, die noch nichts von Ihren neuen Strategien gehört hat. Diese Mitmenschen begegnen Ihnen und Ihrer Veränderung vielleicht voller Skepsis und stellen die Wirksamkeit solcher Strategien in Frage. Die ersten Zweifel machen sich dann auch bei Ihnen bemerkbar.

▶ Da ist Ihr „Innerer Schweinehund", der sich nach und nach immer mehr in Ihnen ausbreitet. Er will Sie zu Faulheit und/ oder angeblich wichtigeren Dingen überreden. Allzu gerne lassen Sie sich von seinen Argumenten überzeugen.

▶ Da sind auch diese schwierigen Verhaltensänderungen. Immer wieder muss man an sich arbeiten, neue Wege ausprobieren und die gewohnten Pfade verlassen.

---

[208] Ali, Muhammad/Ali, Hana Yasmeen: More Than A Hero, S. 71

▶ Da ist dieser Lerntrainingsplan, mit seinen strikten Zeitabläufen. Was soll das Ganze? Geht es nicht auch ohne ihn?

So oder ähnlich geht es vielen Menschen. Nach einer anfänglichen Euphorie verblassen die guten Vorsätze. Langsam aber sicher öffnen Sie wieder Ihre alten Schubladen. Sie spulen das altbekannte Programm ab und arrangieren sich ganz allmählich wieder mit den eigenen Unzulänglichkeiten.

> Deswegen denke ich, dass jeder eine Strategie braucht,
> die ihm hilft, mit Schwierigkeiten umzugehen.[209]

[Venus Williams]

Der Sportler kennt dieses Gefühl nur allzu gut. Tagtäglich begegnen ihm viele Hindernisse auf dem Weg zu seinem Ziel:

▶ das frühe Training,

▶ die permanente Erschöpfung,

▶ der strikte Essensplan,

▶ die Sponsorenverpflichtungen,

▶ die Gemeinheiten der Presse,

▶ die unüberschaubare und lange Trainingssaison,

▶ der hohe Konkurrenzdruck,

▶ die Aufregung vor dem nahenden Wettkampf.

> Aber das ist ja genau die Kunst und die Herausforderung: Sich
> auf die verschiedenen Bedingungen einzustellen und nicht immer
> alles von äußeren Umständen abhängig zu machen.[210]

[Britta Heidemann]

Durch die Fehleranalyse weiß der Sportler, was er in der Vergangenheit falsch gemacht hat und was er verbessern muss. Der Hochleistungssportler weiß, wie der Mensch funktioniert,

---

[209] Williams, Venus & Serena, with Beard, Hilary: Venus & Serena - Serving From The Hip, S. 113

[210] Heidemann, Britta: Erfolg ist eine Frage der Haltung, S. 158

und mit Hilfe der Mut- und Anfeuerungssätze kann er gegenwärtige Herausforderungen optimal angehen. Fehlt also nur noch ein entsprechendes Rüstzeug für alle Eventualitäten und Hindernisse.

Es werden Hindernisse kommen. Es werden Zweifel kommen. Es werden Fehler kommen. Aber mit harter Arbeit, mit Glauben, mit Selbstbewusstsein und Vertrauen in dich selbst und dein Umfeld gibt es keine Grenzen.[211]

[Michael Phelps]

In deinem Leben wird es Rückschläge geben.
Es wird Herausforderungen geben, es wird Hindernisse geben.
Manchmal wirst du das Gefühl haben,
die Hindernisse seien unüberwindbar.
Das sind die Zeiten, in denen du stark sein musst.[212]

[Muhammad Ali]

Das Leben ist nicht fair. Das Leben liefert selten etwas frei Haus. Sie müssen sich schon selbst darum bemühen, sonst passiert nicht viel.[213]

[Katarina Witt]

Der erfolgreiche Sportler bereitet sich also auf alle Eventualitäten vor. Er setzt sich genauso mit zukünftigen Hindernissen auseinander wie mit seinen Fehlern, Niederlagen und Schwächen. Wenn sich diese Barrieren dann vor ihm aufbauen, erkennt er sie frühzeitig und kann optimal mit ihnen umgehen, denn er ist darauf vorbereitet.

Das Entscheidende ist, Stabilität zu finden, weit vor Flexibilität.
Mit Stabilität punktest du und gewinnst Spiele.[214]

[Jürgen Klopp]

---

[211]   Phelps, Michael, with Abrahamson, Alan: No Limits - The Will To Succeed, S. 6

[212]   Ali, Muhammad/Ali, Hana Yasmeen: Mit dem Herzen eines Schmetterlings, S. 276

[213]   Witt, Katarina: Gesund und Fit mit Kati Witt, S. 18

[214]   Neveling, Elmar: Jürgen Klopp - Echte Liebe, S. 150

Wichtig ist, dass man immer weiß, worauf es ankommt und dass man, egal ob man gerade in den Himmel gelobt oder eine schwere Phase hat, immer ganz fest mit beiden Beinen am Boden bleibt.[215]

[Sebastian Vettel]

Jeder muss Hindernisse überwinden. Ich lernte das sehr früh in meinem Leben. Ich lernte aber noch eine weitere wichtige Wahrheit: Hingabe, Entschlossenheit und Willensstärke müssen manchmal einen weiten Weg auf sich nehmen, um mit den Herausforderungen, die sich mir stellen, fertig zu werden.[216]

[Michael Phelps]

Wenn Sie das Ziel haben, Ihre Prüfung erfolgreich zu bestehen, dann sollten Sie sich ebenfalls vorab mit allen möglichen Eventualitäten und Hindernissen beschäftigen. Wenn Sie wissen, was Sie von Ihrem Weg abbringen kann, wird Sie dieses Hindernis nicht schwächen. Vor allem dann nicht, wenn Sie einen Handlungsplan haben. Deswegen erfolgt eine optimale Vorbereitung auf sämtliche Hindernisse durch:

1. Eine Hindernis-Analyse: Was kann mich alles von meinem Weg abbringen?
2. Einen Hindernis-Handlungsplan: Wie gehe ich mit akuten Hindernissen effektiv um?

... wenn etwas nicht nach Plan lief ... so wusste ich, wie man mit auftauchenden Problemen umging...[217]

[Michael Phelps]

---

[215] Vettel, Sebastian: Tagebuch auf www.sebastianvettel.de, Eintrag Sonntag 4. November 2012

[216] Phelps, Michael, with Abrahamson, Alan: No Limits - The Will To Succeed, S. 133

[217] Phelps, Michael, with Cazeneuve, Brian: Beneath The Surface, S. 152

Schritt 1: Die Hindernis-Analyse

Der erste Schritt bei der Hindernis-Analyse besteht in der Erkenntnis, dass es sich um innere und äußere Hindernisse handeln kann. Bevor Sie sich also an Ihre eigene Hindernis-Analyse begeben, sollten Sie sich den Unterschied zwischen inneren und äußeren Hindernissen bewusst machen.

Innere Hindernisse

Die inneren Hindernisse produzieren Sie selbst. Das heißt, Sie legen sich selber Hürden in den Weg. Dabei tun Sie dies meistens nicht in böser Absicht. Manchmal hat es schon seinen Grund, warum Sie gerade

▶ erst einmal die komplette Wohnung aufräumen,

▶ einige vermeintlich wichtige Anrufe tätigen,

▶ ein kurzes Schläfchen halten,

▶ schnell noch die E-Mails checken,

▶ heute mal nicht lernen,

▶ morgen mit all dem anfangen.

Aber, wie gesagt, liegt dieser wichtige Grund eben nur manchmal vor. Die Entscheidung für die willkommene Abwechslung vom Lerntrott ist jedoch sehr schnell getroffen. Somit handelt es sich meistens eher um vorgeschobene Dringlichkeiten oder gar Ausreden als um einen wirklich wichtigen Grund.

Ihr „Innerer Schweinehund" steht wohl bezeichnend für die inneren Hindernisse. Seine Absichten sind selten schlecht, denn er möchte ja eigentlich nur das Beste für Sie: Möglichst keine Veränderungen und, wenn's geht, schön gemütlich.

Doch Prüfungen, und vor allem deren Vorbereitung, bedeuten enorme Veränderungen in Ihrem alltäglichen Tagesablauf. Deshalb werden Sie gerade in der Prüfungsvorbereitungsphase durch sämtliche Entscheidungen, die Ihr „Innerer Schweine-hund" für Sie fällt, blockiert.

> Der Mensch ist nicht dazu geschaffen, nichts zu tun. Als faule Hunde sind wir eine Fehlkonstruktion. Das ist eine biologische Tatsache.[218]
>
> [Katarina Witt]

❗ Denken Sie daran:

Machen Sie sich bewusst, mit welchen vermeintlich guten Gründen und anschließenden Aktionen Sie sich schlichtweg vom Lernen abhalten.

> Ausnahmen torpedieren Gewohnheiten. Sie würden sich schon bald eine weitere Ausnahme gestatten.[219]
>
> [Katarina Witt]

Natürlich gehören zu den inneren Hindernissen auch die Argumente des „Inneren Kampfhundes"®, wie

▶ Selbstzweifel, wenn mal wieder nichts richtig klappt.

▶ Lernschwierigkeiten, wenn Sie den Stoff nicht verstehen.

▶ Motivationslosigkeit, wenn sich der so genannte Hänger breit macht.

▶ Überbewertung, wenn Sie von Kollegen, Mitschülern oder Kommilitonen mit Killerphrasen heruntergezogen werden.

> ... das Wichtigste ist, dass man sich nicht allzu sehr von den äußeren Diskussionen ablenken lässt und sich auf das Wesentliche konzentriert.[220]
>
> [Sebastian Vettel]

---

[218] Witt, Katarina: Gesund und Fit mit Kati Witt, S. 38

[219] ebd., S. 59

[220] Vettel, Sebastian: Tagebuch auf www.sebastianvettel.de, Eintrag Sonntag 10. Juli 2011

Diesem Hundert-Prozent-Anspruch kann einfach
kein Mensch auf Dauer gerecht werden.[221]

[Britta Heidemann]

Du fühlst dich, als wenn du nicht voran kommst. Aber du kommst voran.[222]

[Michael Phelps]

Äußere Hindernisse

Die äußeren Hindernisse sind meistens nicht von Ihnen be-
einflussbar. Sie kommen, wie der Name schon sagt, von außen
auf Sie zu:

▶ eine Erkrankung,

▶ ein wichtiger Termin, der zusätzlich mit Arbeit verbunden ist,

▶ gesellschaftliche Verpflichtungen mit Familie und Freunden.

Äußere Hindernisse sind aufgrund ihrer Vielfalt schwer zu-
sammenzufassen. Dies soll auch nicht das Ziel sein. Es geht viel
mehr darum, dass Sie sich bewusst machen, dass solche Hindernisse auf Sie zukommen können und auch werden. Wenn
sie dann eintreten, sind Sie dank dieses Kapitels zumindest ge-
wappnet.

Es sind nicht die zu erklimmenden Berge vor dir,
die dich erschöpfen.
Es ist der Kieselstein in deinem Schuh.[223]

[Muhammad Ali]

---

[221] Heidemann, Britta: Erfolg ist eine Frage der Haltung, S. 103

[222] Phelps, Michael, with Abrahamson, Alan: No Limits - The Will To Succeed, S. 65

[223] ebd., S. 79.

Schritt 2:
Der Hindernis-Handlungsplan

Wenn Ihnen bewusst geworden ist, dass innere sowie äußere Hindernisse auf Sie zukommen werden, können Sie einen spezifischen Handlungsplan erstellen. Dieser Plan wird Ihnen helfen, die Hindernisse

▶ frühzeitig zu erkennen,

▶ sie aus dem Weg zu räumen oder

▶ sie zu umgehen.

> Ich denke, dass man sich immer die Zeit nehmen muss, die negativen Dinge aus jeder Situation auszuräumen,...[224]
>
> [Kelly Slater]

Handlungsplan für innere Hindernisse

In Bezug auf Ihren „Inneren Schweinehund" müssen Sie sehr streng mit sich sein. Hinterfragen Sie alle Handlungen, die während Ihrer Lerntrainingszeit nichts mit dem Lernen zu tun haben:

▶ Was mache ich hier gerade?

▶ Bringt mich diese Erledigung zu meinem Ziel „Erfolgreiche Prüfung"?

▶ Muss ich diese Erledigung gerade jetzt machen?

▶ Hat mein „Innerer Schweinehund" die Entscheidung für diese Erledigung getroffen?

Sie werden feststellen, dass ein Großteil der Erledigungen, die Sie während der Lernzeit machen, nicht unbedingt wichtig sind.

---

[224] Slater, Kelly, with Jarrat, Phil: For The Love, S. 187

❗ Denken Sie daran:

Eine blitzblanke Wohnung bringt Sie nicht erfolgreich durch die Prüfung!

Alle beantworteten E-Mails bringen Sie nicht erfolgreich durch die Prüfung!

Mehrere lernfreie Tage bringen Sie nicht erfolgreich durch die Prüfung!

> Nichts im Leben ist einfach. Du kannst nicht eines Tages aufwachen und ankündigen, dass du etwas machen willst und erwarten, dass es ein Erfolg wird. ... Du musst Zeit und Energie und was immer du auch hast reinstecken. Du musst es wollen. Richtig wollen.[225]
>
> [Michael Phelps]

> Auch bei eher stumpfsinnigen Arbeiten gilt: Der Wille zählt! Bei langweiligen Aufgaben ziehe ich die Motivation aus dem Gedanken an den Stolz und die Freude, die mich bei einem Erfolg erwartet.[226]
>
> [Britta Heidemann]

Lernschwierigkeiten und Motivationslosigkeit treten während der Prüfungsvorbereitung immer wieder einmal auf. Wenn Sie sich über eine längere Zeit intensiv mit einem Thema auseinander setzen, sind die Hänger etwas ganz Normales. Wichtig ist der Umgang mit diesen inneren Hindernissen!

Die Killerphrasen und Selbstzweifel Ihres „Inneren Kampfhundes"® sind an dieser Stelle absolut falsch – sie verschlimmern Ihre Situation! Deswegen sagen Sie sich rechtzeitig: „STOPP!" Gerade hier gilt es, konsequent alle Strategien einzuhalten! Mobilisieren Sie sofort alle guten Eigenschaften, die Sie bereits unter Beweis gestellt haben. Glauben Sie an die Wirksamkeit der Strategien.

---

[225] Phelps, Michael, with Abrahamson, Alan: No Limits - The Will To Succeed, S. 132

[226] Heidemann, Britta: Erfolg ist eine Frage der Haltung, S. 35

Mich haben meine Frechheit und Fröhlichkeit geschützt,
vieles ist einfach an mir abgeprallt.[227]

[Katarina Witt]

Sie wissen und fühlen, dass diese Strategien Sie zum Erfolg
führen werden!

▸ Erinnern Sie sich an Ihre Mut- und Anfeuerungssätze! Diese
Sätze werden Ihr Unterbewusstsein positiv beeinflussen und
in Kampfbereitschaft versetzen.

▸ Erinnern Sie sich immer wieder an Ihr Siegerbild! Sie haben
ein herausforderndes Ziel, das Sie unbedingt erreichen wollen. Für dieses Ziel gilt es zu kämpfen. Sie sind stark!

▸ Erinnern Sie sich an Ihre Erfolge! Sie haben bereits gezeigt, dass
Sie ein Ziel aus eigener Kraft erreichen können, wenn Sie es wollen. Sie besitzen Durchhaltevermögen und Selbstdisziplin!

▸ Erinnern Sie sich daran, dass Sie aus Ihren Fehlern und
Schwächen lernen können. Jede Niederlage lässt Sie wachsen. Nur wer wagt, kann gewinnen!

▸ Erinnern Sie sich an Ihren Trainingsplan. Dieser Plan hilft Ihnen, klare Strukturen zu schaffen, damit Sie organisiert Ihr
Ziel erreichen!

Der Satz „Bleib fokussiert" wird von viel zu vielen Menschen
verwendet, aber es war genau das, was ich machen musste.
Ich musste meinen Kopf davon überzeugen ...[228]

[Michael Phelps]

Also versuche ich, etwas Spannung herauszunehmen,
ich ziehe mich zurück und beginne in der Zwischenzeit,
mich wieder in den Fokus zu reden.[229]

[Britta Heidemann]

---

[227] Witt, Katarina: Zwischen Pflicht und Kür, S. 210

[228] Phelps, Michael, with Cazeneuve, Brian: Beneath The Surface, S. 184

[229] Heidemann, Britta: Erfolg ist eine Frage der Haltung, S. 192

> Arbeiten Sie bewusst mit positiven Affirmationen, um Ihr Selbstbewusstsein zu stärken. ... Solche positiven Sätze können wie Stützpfeiler Stabilität bringen, für das, was Sie tun.[230]
>
> [Katarina Witt]

Handlungsplan für äußere Hindernisse

Wenn äußere Hindernisse wie eine Erkrankung oder ernst zunehmende Termine und Aufgaben auf Sie zukommen, dann ist Ihr Lerntrainingsplan Ihre Rettung.

Mit Hilfe Ihres Lerntrainingsplans wissen Sie, wo Sie genau stehen. Tritt nun ein unerwartetes Ereignis ein und raubt Ihnen wertvolle Lernzeit und Energie, können Sie direkt handeln. Strukturieren Sie Ihren Lerntrainingsplan jetzt so um, dass Sie die verloren gegangene Zeit wieder gut machen. Der Lerntrainingsplan hat somit zwei Vorteile:

1. Sie können das unerwartete Ereignis konzentriert erledigen und hinter sich bringen.
2. Sie können durch die genaue Übersicht und die Pufferzonen in Ruhe weiterlernen.

Hier sehen Sie nochmals die Bedeutung des Lerntrainingsplans. Die Wahrscheinlichkeit, dass Sie mit äußeren Hindernissen jeglicher Art während der Prüfungsvorbereitung konfrontiert werden, ist sehr hoch. Der Lerntrainingsplan ist praktisch der Schlüssel zum Erfolg – er zeigt Ihnen den richtigen Weg zu Ihrer erfolgreichen Prüfung.

> ... ich merke immer wieder, dass ich nur weiterkomme, wenn ich innehalte, wenn ich alles, was ich erledigen muss und will, aufschreibe, strukturiere und dann mit einem, wenn auch flexiblen, Plan an die Umsetzung gehe.[231]
>
> [Britta Heidemann]

---

[230] Witt, Katarina: Gesund und Fit mit Kati Witt, S. 61

[231] Heidemann, Britta: Erfolg ist eine Frage der Haltung, S. 87

Aufgabe 14
Arbeitsbogen Nr. 12: Ihre Hindernisse

 Beschäftigen Sie sich jetzt auf Seite 235 mit Ihren inneren und äußeren Hindernissen. Werfen Sie einen Blick in die Zukunft. Was könnte Sie alles vom Lernen abhalten? Hilfreich ist hierbei auch oft ein Blick auf die eigenen Fehler aus der Vergangenheit (Arbeitsbogen Nr. 12). Häufig erkennen Sie hier schon einige Stolpersteine, die Ihnen nochmals in der Zukunft begegnen können.

Außerdem: Machen Sie sich bewusst, was wirklich wichtig ist und handeln Sie! Überlassen Sie Ihr Lernmanagement Ihrem Lerntrainingsplan – er sagt Ihnen, was wann zu tun ist.

Du musst am Ball bleiben, konzentrier dich auf das Wichtigste und sei geduldig mit dir selbst.[232]

[Serena Williams]

Du weißt nie, wie weit du voran kommst, wenn du nicht etwas tust...[233]

[Kelly Slater]

Champions werden nicht in Sporthallen geboren.
Champions werden aus etwas geboren,
das tief in unserem Inneren verborgen ist –
einem Wunsch, einem Traum, einer Vision.
Sie müssen die Fähigkeiten und den Willen haben.
Aber der Wille muss stärker sein als die Fähigkeiten.[234]

[Muhammad Ali]

---

[232] Williams, Venus & Serena, with Beard, Hilary: Venus & Serena - Serving From The Hip, S. 119

[233] Slater, Kelly, with Jarrat, Phil: For The Love, S. 40

[234] Ali, Muhammad/Ali, Hana Yasmeen: More Than A Hero, S. 193

Ihr Trainingstagebuch

Der Hindernis-Handlungsplan hilft Ihnen, sämtliche Barrieren erfolgreich zu überwinden. Damit Sie die Strategien von erfolgreichen Spitzensportlern am besten verinnerlichen und in Ihrem Alltag regelmäßig anwenden, steht Ihnen ein weiteres effektives Werkzeug zur Verfügung – Ihr Trainingstagebuch. Mit dem Trainingstagebuch können Sie auf kurze, einfache Art und Weise bestens Ihr Vorwärtskommen beobachten. Gerade in der Prüfungsvorbereitungszeit ist das Trainingstagebuch von ausschlaggebender Bedeutung für Ihren Erfolg.

> Das Aufschreiben meiner Gedanken hat mir schon immer geholfen, wieder Ordnung in mein Inneres zu bringen. Nicht immer werden es lange Texte, ich arbeite mich normalerweise von außen nach innen vor.[235]
>
> **[Britta Heidemann]**

Beantworten Sie in einer persönlichen Testphase für die kommenden 14 Tage die im Anhang aufgelisteten Fragen der Reihe nach. Die Beantwortung der gesamten Fragen dauert ca. fünf Minuten. Am besten suchen Sie sich hierfür immer die gleiche Tageszeit aus, entweder morgens oder abends. Nach diesen 14 Tagen werden Sie überzeugt sein, dass Sie Ihr Trainingstagebuch zu Ihrem Ziel führen wird.

> Führen Sie ein Trainingstagebuch. Dieses persönliche Protokoll dokumentiert Ihre Fortschritte und wird Sie beflügeln.[236]
>
> **[Katarina Witt]**

Sie werden merken, wie sich durch das Führen des Trainingstagebuchs etwas in Ihnen verändert. Häufig ist es so, dass Ihnen gar nicht bewusst ist, was Sie an einem Tag so alles erlebt, erreicht und durchgemacht haben. Die kurzen Antworten

---

[235] Heidemann, Britta: Erfolg ist eine Frage der Haltung, S. 135
[236] Witt, Katarina: Gesund und Fit mit Kati Witt, S.134

in Ihrem Trainingstagebuch werden Ihnen jedoch genau zeigen, was gut und was vielleicht nicht so optimal lief.

> Das Aufschreiben der eigenen Gefühle in einem Notizbuch oder Heft kann dir helfen, dich von negativen Gedanken zu befreien, die sich in deinem Kopf festgesetzt haben.[237]

> [Venus Williams]

Gerade am Anfang Ihrer Prüfungsvorbereitungsphase wird es Ihnen vielleicht so ergehen, dass Sie mit bestimmten Antworten in Ihrem Trainingstagebuch nicht ganz zufrieden sind. Vielleicht hat sich noch der „Innere Schweinehund" oder „Innere Kampfhund"® zu Wort gemeldet und die Richtung vorgegeben. Eventuell haben Sie auch Bodenpunkten zu viel Aufmerksamkeit geschenkt. Vielleicht war es auch der chaotische Tag, der eher ungeplant als organisiert war. Doch genau dafür ist Ihr persönliches Trainingsbuch da – Sie sollen sich in all diesen Bereichen verbessern. Und Sie werden sich verbessern.

> Während die Niederlagen noch frisch in meinem Kopf waren, schrieb ich die Gründe dafür immer auf einzelne Blätter, um so meinen Fokus wieder auf das Surfen zu legen.[238]

> [Kelly Slater]

---

[237] Williams, Venus & Serena, with Beard, Hilary: Venus & Serena - Serving From The Hip, S. 114

[238] Slater, Kelly, with Borte Jason: Pipe Dreams, S. 168

Aufgabe 15
Arbeitsbogen Nr. 13: Ihr Trainingstagebuch

 Fangen Sie direkt jetzt an und beantworten Sie auf Seite 237 die folgenden Fragen zum ersten Mal. Keine Sorge, wenn die Antworten noch nicht ideal ausfallen. Ihr Training hat ja gerade erst begonnen. Vielleicht wird Ihr „Innerer Schweinehund" jammern und Ihnen suggerieren, dass Sie dafür keine Zeit haben. Bleiben Sie standhaft!

***

❗ Denken Sie daran:

Ihr Trainingstagebuch zeigt Ihnen permanent, wo Sie sich noch verbessern können. Sie befinden sich auf dem Weg der vielen kleinen Schritte zu Ihrem Prüfungserfolg.

Buddha hat einen Satz geprägt, der sich häufig bewahrheitet: „Das Geheimnis eines außerordentlichen Menschen ist in den meisten Fällen nichts als Konsequenz".[239]

[Britta Heidemann]

Fazit:
Ihr Trainingsplan für Strategie VI: Die Hindernisse

▶ Erkennen Sie, wenn Sie aufgehalten werden.

▶ Bleiben Sie ruhig!

▶ Halten Sie unerschütterlich an Ihren Strategien fest!

▶ Halten Sie sich an Ihren Lerntrainingsplan!

▶ Ihr Trainingstagebuch wird Sie garantiert zu einer erfolgreichen Prüfung führen.

▶ Geben Sie nicht auf und kämpfen Sie weiter – bald haben Sie es geschafft!

---

[239] Heidemann, Britta: Erfolg ist eine Frage der Haltung, S. 181

„Ich ging mit einer Menge Selbstvertrauen in den Wettkampf. Ich war darauf fixiert, meinen Kopf mit Siegesgedanken bei Laune zu halten."
[Kelly Slater]

Strategie VII: Das Ziel
Wie Sie Ihre Prüfung erfolgreich bestehen

Entspannt, positiv aufgeregt, aber natürlich voll konzentriert.[240]

[Sebastian Vettel]

Es ist soweit! Mit der letzen Strategie geht es an Ihren Zieleinlauf. Diese siebte Strategie wird Sie zu Ihrer erfolgreichen Prüfung führen, und zwar durch drei verschiedene Stadien:

1. Die letzten Stunden vor dem Prüfungstag – Entspannen Sie sich!

2. Die letzten Minuten vor der Prüfung – Ihr Countdown

3. Der entscheidende Moment während der Prüfung – Ihr Ziel

Die Strategie der Zielerreichung wird Sie durch alle drei Phasen begleiten und Ihnen zu jedem Zeitpunkt die richtigen Tipps mit auf Ihren Weg geben.

Lesen Sie sich diese Strategie am besten erst durch, wenn Sie schon eine Zeitlang mit den *Bestanden wird im Kopf!*-Strategien gearbeitet und in Ihrem Lernrhythmus nach dem Lerntrainingsplan gefestigt sind. Wenn Sie noch nicht angefangen haben zu lernen, kann es passieren, dass Sie diese letzte Strategie eventuell verunsichert, da sie sich direkt auf die Herausforderung der Prüfung richtet.

Was für Sie die Prüfung ist, ist für den Sportler das entscheidende Spiel, der Wettkampf oder das Rennen. Für Sie beide ist es das große Ziel, auf das Sie sich seit Wochen vorbereitet ha-

---

[240] Vettel, Sebastian: Tagebuch auf www.sebastianvettel.de, Eintrag Donnerstag 10. November 2011

ben. Sie, genauso wie der Sportler, haben sich mit den *Bestanden wird im Kopf*-Strategien auseinander gesetzt und sich diese zunutze gemacht. Es gilt jetzt, das Gelernte in Ihrer Prüfung in die Tat umzusetzen, also zu Papier zu bringen oder der Prüfungskommission vorzutragen.

> Von Anfang an hatte ich auf dieses Ziel hingearbeitet.
> All das harte Training, all die Opfer, die ich gebracht hatte,
> alle Portionen Kuchen und Eiskrem, auf die ich verzichtet hatte.
> … Alles war nur die Vorbereitung auf diesen Moment.[241]
>
> [Muhammad Ali]

❗ Denken Sie daran:
Ihre Strategien haben sich in unzähligen Wettkämpfen, Spielen, Rennen und auch Prüfungen bewährt.

> Noch habe ich es nicht geschafft, aber ich weiß,
> dass ich auf dem Weg zum Sieg bin[242]
>
> [Muhammad Ali]

Die letzten Stunden vor dem Prüfungstag: Entspannen Sie sich!

> Der Tag vor dem Kampf: Ich zog mich völlig zurück.[243]
>
> [Vitali Klitschko]

---

[241] ebd., S. 130.

[242] Ali, Muhammad/Durham, Richard: Der Größte, S. 385

[243] Klitschko Vitali u. Wladimir, mit Sellin, Fred: Unter Brüdern, S.385

Der große Tag ist nun in greifbarer Nähe! Doch Sie können gelassen bleiben, denn

▶ Sie haben alle Strategien genutzt!

▶ Sie sind selbstbewusst und kämpferisch durch die Prüfungsvorbereitung gegangen!

▶ Sie haben sich an Ihren Trainingsplan gehalten und organisiert gelernt!

> Ich habe die Gewissheit, dass ich es kann, und das reicht mir.[244]
>
> [Katarina Witt]

Es ist jetzt ganz normal, dass Ihr Stresspegel steigt, je näher der Prüfungstag rückt. Sie brauchen jetzt diese Stresshormone, um konzentriert in die Prüfung gehen zu können. Nach neuesten wissenschaftlichen Erkenntnissen besteht derjenige Prüfungen (Wettkämpfe) am besten, der einen mittleren Stresspegel hat.

> Es sind nämlich in der Regel gar nicht die tatsächlichen Konfrontationssituationen, die uns belasten, sondern die Gedanken, die wir uns im Vorhinein machen.[245]
>
> [Britta Heidemann]

> Sonny Liston war groß und stark.
> Ich glaubte, dass ich ihn besiegen konnte,
> aber ich hatte trotzdem ein bisschen Angst vor ihm.[246]
>
> [Muhammad Ali]

Am Tag vor der Prüfung intensiviert der Spitzensportler seine Entspannungsübungen. Er weiß, wie wichtig seine körperliche und mentale Form ist.

Dies gilt auch für Sie. Sie haben Ihre ganz persönliche Entspannungstechnik in den letzten Wochen regelmäßig ange-

---

[244] Witt, Katarina: Zwischen Pflicht und Kür, S. 88

[245] Heidemann, Britta: Erfolg ist eine Frage der Haltung, S. 96

[246] Ali, Muhammad/Ali, Hana Yasmeen: More Than A Hero, S. 123

wendet. Achten Sie darauf, diese Übungen in den Tagen vor der Prüfung sehr häufig in Ihren Alltag einzubauen. Ihr Unterbewusstsein wird dadurch immer wieder positiv beeinflusst.

> Heute wird nicht mehr viel gemacht, außer früh ins Bett gegangen und geschlafen, um auch genügend Energie zu haben. Ich freue mich auf morgen.[247]
>
> **[Sebastian Vettel]**

> Dabei ist ausreichend Schlaf vor einem Kampf so wichtig wie das Training.[248]
>
> **[Vitali Klitschko]**

❗ Denken Sie daran:
Sie haben sich gut vorbereitet und deshalb gehen Sie ruhig und gelassen in die Prüfung und bestehen sie!

> Ich gehe meine Vorbereitung noch einmal bis ins Detail durch. Mein Lauftraining war richtig. Meine Diät war richtig. Mein übriges Training stimmte. Meine Schlafzeit stimmte, die Zeiteinteilung war richtig.[249]
>
> **[Muhammad Ali]**

---

[247] Vettel, Sebastian: Tagebuch auf www.sebastianvettel.de, Eintrag Samstag 24. November 2012

[248] Klitschko Vitali u. Wladimir, mit Sellin, Fred: Unter Brüdern, S.296

[249] Ali, Muhammad/Durham, Richard: Der Größte, S. 420

Fazit:
Ihr Trainingsplan für den Tag vor der Prüfung

▶ Sagen Sie sich immer wieder Ihre Mut- und Anfeuerungssätze auf.

▶ Verbieten Sie sich jeglichen Horrorgedanken! STOPP! Sei-
en Sie gnadenlos streng mit sich!

▶ Lernen Sie am Tag vor der Prüfung nicht mehr. Es ist normal, wenn Sie nun das Gefühl entwickeln, alles vergessen
zu haben. Dies geht fast jedem so. Im geeigneten Moment
werden Sie Ihr Wissen abrufen können.

▶ Nutzen Sie den Tag vor der Prüfung, um sich zu entspannen und vielleicht sich verwöhnen zu lassen!

Die letzten Minuten vor der Prüfung: Ihr Countdown

Ich konzentriere mich nur auf mich.[250]

[Vitali Klitschko]

Nun ist er da, Ihr Prüfungstag. Viele Menschen schlafen in der
Nacht vor Ihrer Prüfung nicht besonders gut. Schuld daran ist na-
türlich die Aufregung. Wenden Sie vor dem Schlafengehen Ihre
Entspannungsübung an, Sie werden so besser schlafen können.

Falls Sie am nächsten Morgen müde sein sollten, sorgen Sie
sich nicht. Sowie es ans Eingemachte geht, werden Sie wieder
fit sein.

---

[250] Klitschko Vitali u. Wladimir, mit Sellin, Fred: Unter Brüdern, S. 385

Da gibt es nichts, was ich noch ändern kann, um schneller zu sein. Ich habe das ganze Training durchgeführt. Alles, was ich machen kann, ist auf das Startsignal zu warten, ins Wasser zu springen und los zu schwimmen.[251]

[Michael Phelps]

Die Momente vor einer Prüfung können sich endlos hinziehen. Erfolgreiche Sportler nutzen diesen Zeitpunkt vor Ihrem Wettkampf, um in sich zu kehren. Sie schotten sich nach außen hin ab und konzentrieren sich auf Ihre Strategien.

...befreien Sie sich von zwanghaften Denkmustern. Gelassenheit ist das gute Gefühl, dass genau das passieren wird, was passieren muss.[252]

[Katarina Witt]

..., aber darum mache ich mir jetzt keine Sorgen, sondern werde mit vielen positiven Gedanken ins Rennen gehen.[253]

[Sebastian Vettel]

Von nun an konzentriere ich mich auf die geistige Einstellung zum Kampf.[254]

[Muhammad Ali]

[251] Phelps, Michael, with Abrahamson, Alan: No Limits - The Will To Succeed, S. 51

[252] Witt, Katarina: Gesund und Fit mit Kati Witt, S. 27

[253] Vettel, Sebastian: Tagebuch auf www.sebastianvettel.de, Eintrag Samstag 23. Juli 2011

[254] Ali, Muhammad/Durham, Richard: Der Größte, S. 393

🛈 Denken Sie daran:

Konzentrieren Sie sich auf sich selbst. Rufen Sie sich Ihre Strategien immer wieder auf. Lassen Sie sich nicht von äußeren Dingen stören.

Wenn das Feeling klappt, dann kommt das andere auch noch.[255]

[Sebastian Vettel]

Fazit:
Ihr Trainingsplan für den Moment vor der Prüfung

▶ Am Prüfungstag selber ist es wichtig, dass Sie frühstücken. Auch wenn Sie sehr aufgeregt sind, ist dies unumgänglich. Ihr Blutzuckerspiegel sinkt sonst ab und Sie sind nicht in der Lage, klar zu denken.

▶ Trinken Sie ausreichend! Ihr Blut bleibt dadurch dünnflüssig und Ihr Gehirn wird gut durchblutet. Nur so können Sie Höchstleistungen abrufen.

▶ Fahren Sie so rechtzeitig zum Prüfungsort, dass Sie eventuell auch einen Stau oder eine Panne haben können. Sollte dies nicht der Fall sein, werden Sie natürlich sehr früh am Prüfungsort sein. Begeben Sie sich in diesem Fall noch nicht vor den Prüfungsraum! Gehen Sie spazieren, sagen Sie sich Ihre Mut- und Anfeuerungssätze auf und machen Sie Ihre Atemübungen.

▶ Etwa eine Viertelstunde vor Prüfungsbeginn sollten Sie zum Prüfungsraum gehen. Jetzt können Sie sich an die Prüfungsatmosphäre gewöhnen.

---

[255] Vettel, Sebastian: Tagebuch auf www.sebastianvettel.de, Eintrag Samstag 30. Juli 2011

▶ Die Zeit unmittelbar vor der Prüfung ist nun besonders wichtig. Ihr Stresslevel ist jetzt extrem hoch. Es ist klar, Die Zeit unmittelbar vor der Prüfung ist nun besonders wichtig. Ihr Stresslevel ist jetzt extrem hoch. Es ist klar, dass Sie nun einige Stresssymptome verspüren. Herzklopfen, erhöhte Atemfrequenz, feuchte Hände, Zittern usw. zeigen, dass Sie nun gleich hochkonzentriert mit der Gefahr umgehen werden.

▶ Blenden Sie nun jeglichen Gedanken an die Vergangenheit oder die Zukunft aus.

▶ Verweilen Sie absolut in der Gegenwart.

▶ Sagen Sie sich nun immer wieder Ihre Mut- und Anfeuerungssätze auf.

▶ Betreten Sie den Prüfungsraum mit einem Lächeln. Sie wissen, dass Sie sich gut vorbereitet haben!

❶ Denken Sie daran:

Ihr Unterbewusstsein interpretiert Ihre Körperhaltung. Zeigen Sie, dass Sie ein Sieger sind!

> Lächeln Sie! ... Man kann die Strategie des bewussten Lächelns belächeln – aber sie ist keineswegs so lächerlich. Im Gegenteil. Denn es funktioniert. ... Unser Gehirn kann nämlich nicht unterscheiden, ob ein Lächeln aufgesetzt, eingebildet – oder echt und erlebt ist.[256]
>
> **[Katarina Witt]**

---

[256] Witt, Katarina: Gesund und Fit mit Kati Witt, S. 27

Der entscheidende Moment
während der Prüfung: Ihr Ziel

Und plötzlich wurde ich ganz ruhig.
Ich war völlig im Einklang mit dem, was ich gleich tun würde.
Ich wusste, dass ich das Richtige tat, und ich wusste,
dass es für mich das Richtige war.[257]

[Muhammad Ali]

Der Startschuss ist gefallen! Es geht los! Ihr großer Moment ist da. Jetzt heißt es, die Arbeit der letzten Wochen auf einen Moment zu fokussieren und abzurufen. Dabei gibt es einen Trick, der von entscheidender Bedeutung ist – bleiben Sie ausschließlich in der Gegenwart. Nun bringt es Ihnen nichts mehr, sich zu fragen, ob Sie genug und richtig gelernt haben. Auch Gedanken an das zukünftige Prüfungsergebnis sind jetzt tabu. Konzentrieren Sie sich ganz auf das Hier und Jetzt mit Fokus auf die Prüfung.

Bleiben Sie mit Ihren Gedanken im gegenwärtigen Moment.
Lassen Sie sich nicht darauf ein, den ganzen Berg zu sehen,
der auf dem Weg zum Gipfel vor Ihnen liegt.[258]

[Britta Heidemann]

Der Spitzensportler kann nur deshalb seine Höchstleistung im richtigen Moment abrufen, weil

▶ er in der Gegenwart bleibt,
▶ er sich von Fehlern nicht aus der Ruhe bringen lässt,
▶ er sein Programm abspult, egal, was passiert.

---

[257] Ali, Muhammad/Ali, Hana Yasmeen: More Than A Hero, S. 140
[258] Heidemann, Britta: Erfolg ist eine Frage der Haltung, S. 169

... Ich konzentriere meine Gedanken auf den gegenwärtigen Moment, so dass ich im Stande bin, gute Entscheidungen zu treffen und so vorwärts komme.[259]

[Serena Williams]

Während der Prüfung ist die Konzentration auf das Hier und Jetzt Ihr Mittel zum Erfolg. Blenden Sie sämtliche Gedanken an Vergangenheit und Zukunft bewusst aus. Es gibt nur diesen einen Moment, in dem Sie handeln können.

Ich musste mich darauf konzentrieen, was ich in jeder einzelnen Sekunde tat und mir immer wieder sagen, dass, solange die Uhr nicht abgelaufen war, ich immer noch eine Chance hatte.[260]

[Kelly Slater]

... normalerweise lebe ich im Hier und Jetzt ... Mit dem Rest befasse ich mich nicht.[261]

[Dirk Nowitzki]

In Bezug auf die Zusammenfassung bzw. Ihren Trainingsplan müssen wir an dieser Stelle zwischen schriftlicher und mündlicher Prüfung unterscheiden.

---

[259] Williams, Venus & Serena, with Beard, Hilary: Venus & Serena - Serving From The Hip, S. 113

[260] Slater, Kelly, with Borte Jason: Pipe Dreams, S. 222

[261] Höpfel. Jürgen und Frühwirth, Fabian: Einfach Er, S. 137

Fazit:
Ihr Trainingsplan für den Moment während der schriftlichen Prüfung

▶ Bei der schriftlichen Prüfung haben Sie genügend Zeit, um den Text in Ruhe durchzulesen und zu verstehen. Machen Sie dabei immer wieder die Panikatmung (siehe Kapitel Entspannungstechniken auf Seite 195) und spannen Sie zwischendurch Ihre Muskeln an.

▶ Beantworten Sie zunächst alle Fragen, bei denen Sie sich sicher fühlen. Dies gibt positive Impulse an Ihr Unterbewusstsein.

▶ Widmen Sie sich anschließend den Fragen, die Sie noch nicht spontan beantworten können. Sagen Sie sich, dass Sie die Lösung wissen. Rufen Sie sich Ihr Siegerbild in Erinnerung! Sie haben gut gelernt und können alles auch wieder abrufen!

▶ Wenn Sie trotzdem mit einer Frage Schwierigkeiten haben, können Sie durch den Fokus auf die Gegenwart Ihre gesamte Konzentration auf diese Frage richten.

▶ Gerade in langen Prüfungen kommt es irgendwann immer einmal vor, dass Sie zwischendurch einen Hänger haben. Erschöpfung, eine schwierige Frage oder einfach Unkonzentriertheit sind meistens die Gründe dafür. Sagen Sie sich auch hier: „STOPP!" Atmen Sie einige Male tief durch und sagen Sie sich dabei Ihren Mut- und Anfeuerungssatz auf. Anschließend … arbeiten Sie umso konzentrierter weiter.

Wenn Menschen nervös sind, vergessen sie manchmal zu atmen. Wenn man einige tiefe Atemzüge macht, kann es helfen, sich selbst zu beruhigen. ... Zähle bis zehn oder weiter und du kommst wieder in eine gute Verfassung.[262]

[Serena Williams]

Im Ring zählt das, was man leisten kann, wenn man bereits erschöpft ist. Das Gleiche gilt im Leben.[263]

[Muhammad Ali]

Fazit:
Ihr Trainingsplan für den Moment während der mündlichen Prüfung

▶ Die mündliche Prüfung ruft bei den meisten Prüfungskandidaten größere Ängste hervor. Sie fürchten eine direkte Blamage. Machen Sie sich frei von solchen Gedanken! Sie sind ein Sieger! Sie können sich nicht blamieren.

▶ Während der mündlichen Prüfung dürfen Sie durchaus Nervosität zeigen. Allzu sicheres Auftreten fällt auf und erregt meist den Unwillen der Prüfer. Wichtig ist der Blickkontakt zum Prüfer, um eventuelle Hilfen oder warnende Blicke früh erkennen und darauf reagieren zu können.

▶ Manche Prüfer begrüßen es, wenn vor der Prüfung etwas zu trinken und Gläser bzw. Tassen bereitgestellt werden. Falls sich vorher die Gelegenheit ergibt, sollten Sie von dieser Möglichkeit Gebrauch machen. Spätestens nach zwei Stunden sind Sie sehr dankbar für einen Schluck Kaffee oder Wasser. Den Prüfern geht es dabei natürlich ähnlich!

---

[262] Williams, Venus & Serena, with Beard, Hilary: Venus & Serena - Serving From The Hip, S. 37

[263] Ali, Muhammad/Ali, Hana Yasmeen: Mit dem Herzen eines Schmetterlings, S. 194

- Ihre Antworten sollten strukturiert und flüssig erfolgen. Ziel ist es, möglichst lange zu reden, um Prüfungszeit verstreichen zu lassen, sich gleichzeitig aber nicht in unwichtigen Dingen zu verlieren. Viele Prüfer unterbrechen dann den Redefluss, dies könnte Sie verwirren. Es ist empfehlenswert, im Schlusssatz eine neue Problematik anzuschneiden (natürlich eine, in der Sie sich auskennen), die der Prüfer dann aufgreifen kann.

- Können Sie eine Frage nicht beantworten, brauchen Sie nicht in Panik zu verfallen. Bitten Sie den Prüfer um eine neue Frage oder um weitere Informationen. Der Prüfer wird in der Regel seine Frage anders formulieren oder die Frage zurückstellen.

- Bleiben Sie weiterhin absolut in der Gegenwart und mit den Gedanken bei der Prüfung.

- Sagen Sie sich in Gedanken Ihren Mut- und Anfeuerungssatz auf!

- Wenden Sie zudem zwischendurch immer wieder die Panikatmung an. Dadurch werden Sie ruhiger!

- Machen Sie sich nicht verrückt, wenn Sie vor Aufregung stottern oder sich verhaspeln. Es ist normal, vor und während einer Prüfung aufgeregt zu sein, jeder Prüfer hat dafür Verständnis. Wie erwähnt, löst übertriebene Selbstsicherheit sogar bei manchen Prüfern Antipathien aus. Dagegen sind Nervosität und Irren menschlich und verständlich!

Wenn man sich konzentriert, dann schafft man so Einiges.[264]

[Sebastian Vettel]

... aber irgendwie werde ich es schaffen, ich weiß, dass ich es schaffe.[265]

[Muhammad Ali]

---

[264] Vettel, Sebastian: Tagebuch auf www.sebastianvettel.de, Eintrag Sonntag 27. November 2011

[265] Ali, Muhammad/Durham, Richard: Der Größte, S. 50

Das war's – Sie haben nun das strategische Rüstzeug, Ihre Prüfung erfolgreich zu bestehen. Wenn Sie sich an die Strategien halten, werden Sie Erfolg haben – versprochen. All die Spitzensportler und die unzähligen Teilnehmer aus unseren Seminaren sind der lebendige Beweis dafür.

Darüber hinaus haben Sie mit Ihren Strategien jetzt immer die Chance, zu den erfolgreichen Menschen zu gehören. Sie sind in der Lage, Ihre persönliche Höchstleistung bewusst abzurufen:

1. Sie wissen, worauf es ankommt.

2. Sie visualisieren Ihr Ziel.

3. Sie sind von Ihrem Erfolg überzeugt.

4. Sie lernen aus Ihren Fehlern.

5. Sie organisieren sich optimal.

6. Sie überwinden Hindernisse.

7. Sie bleiben in der Gegenwart.

Du musst es träumen, es glauben, es erarbeiten, es erreichen.[266]

[Michael Phelps]

Sie können somit jederzeit gezielt und ganz bewusst jegliche Herausforderung angehen. Bleiben Sie am Ball! Werfen Sie immer wieder einen liebevollen, aber kritischen Blick auf Ihr Leben. Machen Sie eine Bestandsaufnahme, erkennen Sie die Schwachpunkte und wagen Sie sich mutig an die Veränderungen.

Sie werden spüren: Herausforderungen jeglicher Art machen Spaß, wenn man sie strategisch angeht!

Spaß – das ist das Schlüsselwort. Wenn etwas Spaß macht, sind wir innerlich motiviert. Wenn wir Spaß haben, begeistert sind von dem, was wir tun, müssen wir nicht ständig gegen innere Widerstände ankämpfen.[267]

[Katarina Witt]

---

[266] Phelps, Michael, with Abrahamson, Alan: No Limits - The Will To Succeed, S. 18

[267] Witt, Katarina: Gesund und Fit mit Kati Witt, S. 240

Das Ideal ist, dass du niemals aufhörst zu lernen, niemals
aufhörst zu wachsen und niemals deinen Geist verschließt
den Dingen gegenüber, die möglich sind.[268]

[Kelly Slater]

Wir wünschen Ihnen viel Erfolg – und: Halten Sie durch!

Ich werde meine Ängste weg sperren,
und von diesem Tage an werde ich emporsteigen ...
Ich werde auf Glauben bauen und gleiten,
ob durch Regen oder Sturm, ich werde emporsteigen.
Doch bevor mein Wagnis beginnt,
werde ich nach innen blicken.
Und ich werde mein Herz ermutigen,
denn das ist der Ort,
an dem alle Reisen beginnen.[269]

[Muhammad Ali]

[268] Slater, Kelly, with Jarrat, Phil: For The Love, S. 166
[269] Ali, Muhammad/Ali, Hana Yasmeen: More Than A Hero, S. 95

Bestanden wird im Kopf! – Die Strategien im Überblick

Strategie I: Die Erkenntnis

Wie Sie das Wissen über Körper und Geist optimal nutzen

Nicht nur der Körper muss trainiert und auf den entscheidenden Moment vorbereitet sein, sondern auch der Geist.[270]

[Britta Heidemann]

▶ Rufen Sie sich in Erinnerung: Situation → Bewertung → Emotion → Verhalten. Ihre Bewertungen entscheiden über Ihr Leben.

▶ Sie richten sich unzählige Schubladen ein – es entstehen Verhaltensmuster, die immer wieder abgespult werden.

▶ Ihr Unterbewusstsein setzt alles um, was Sie denken und sagen. Es stellt nichts in Frage!

▶ Bewertet das Unterbewusstsein eine Situation als gefährlich, wird Stressalarm ausgelöst.

▶ Mögliche Stressquellen können sein: zu viele Informationen, mangelhafte Ernährung, zu wenig Flüssigkeit, zu wenig oder zu viel Bewegung, zu wenig oder zuviel Schlaf, Über- oder Unterforderung.

▶ Stress wirkt sich durch Symptome im physischen und psychischen Bereich aus.

---

[270] Heidemann, Britta: Erfolg ist eine Frage der Haltung, S. 148

- Um Ihr Leben optimal gestalten zu können, müssen die Bewertungen immer wieder überprüft werden.
- Akzeptieren Sie Bodenpunkte: Es ist, wie es ist! Konzentrieren Sie sich auf die Standpunkte: Hier können Sie handeln, anstatt zu jammern.
- Unlust und Angst sind Ihre Erfolgskiller! Überprüfen Sie deswegen immer Ihren „Inneren Schweinehund" und „Inneren Kampfhund"® Nehmen Sie sie an die Leine.
- Negative Gedanken: STOPP!
- Bilden Sie sich Mut – & Anfeuerungssätze: Ich schaffe das! oder Halte durch!
- Regelmäßige (tägliche) Entspannungs- und Atemübungen unterstützen diese neuen Bewertungen.

> Du musst die richtige mentale Einstellung
> haben, und von da an geht es los.[271]

[Michael Phelps]

Strategie II: Die Zielarbeit
Wie Sie Ihr Ziel genau beschreiben

> Du musst große Träume auf kleine Schritte verteilen
> und sie dann nacheinander einzeln angehen.[272]

[Serena Williams]

---

[271] Phelps, Michael, with Abrahamson, Alan: No Limits - The Will To Succeed, S. 69
[272] Williams, Venus & Serena, with Beard, Hilary: Venus & Serena - Serving From The Hip, S. 8

- ▶ Vor großen Herausforderungen definieren Sie zunächst Ihr Ziel. Was wollen Sie erreichen?
- ▶ Erkennen Sie die Wichtigkeit dieses Ziels.
- ▶ Machen Sie sich bewusst, dass Sie für die Erreichung dieses Ziels einen hohen Preis bezahlen müssen.
- ▶ Der Weg der kleinen Schritte: Unterteilen Sie Ihre Ziele in Zwischenziele und haken Sie sie nacheinander ab.
- ▶ Belohnen Sie sich immer wieder, wenn Sie ein Zwischenziel erreicht oder sich an Ihren Plan gehalten haben. So bleiben Sie hochmotiviert.
- ▶ Visualisieren Sie Ihr Ziel und Ihren Sieg voller Emotionen!
- ▶ Speichern Sie dieses Siegerbild als Kraft- und Motivationsquelle.
- ▶ Rufen Sie sich Ihr Siegerbild immer wieder auf. Es spornt Sie an.

> Nur wer ein klares, attraktives Ziel vor Augen hat, kann erreichen, was er will. [273]
>
> [Katarina Witt]

Strategie III: Das Erfolgsbewusstsein
Wie Sie die Basis Ihres Erfolgs legen

> Einerseits wuchs mit jedem gewonnenen Kampf mein Selbstvertrauen, andererseits nahm die Angst vor dem Verlieren ab. [274]
>
> [Wladimir Klitschko]

---

[273] Witt, Katarina: Gesund und Fit mit Kati Witt, S. 50

[274] Klitschko Vitali u. Wladimir, mit Sellin, Fred: Unter Brüdern, S. 283

- ▶ Erinnern Sie sich an Ihre Erfolge.
- ▶ Sie haben maßgeblich zu diesen Erfolgen beigetragen!
- ▶ Sie haben ganz bestimmte Eigenschaften bei der Erreichung dieser Erfolge gezeigt.
- ▶ Zu diesen Eigenschaften gehörten: Kampfgeist, Einsatzbereitschaft, Ausdauer und Selbstdisziplin.
- ▶ Sie wissen, dass Sie diese Eigenschaften besitzen.
- ▶ Rufen Sie diese Eigenschaften immer dann auf, wenn Sie ein neues Ziel erreichen wollen.
- ▶ Visualisieren Sie Ihre Erfolge immer wieder.
- ▶ Ihr Unterbewusstsein wird dadurch auf Erfolg programmiert.

Ich weiß genau: Das, was ich erreicht habe,
kann mir niemand mehr nehmen. [275]

[Sebastian Vettel]

Strategie IV: Die Fehleranalyse
Wie Sie optimal aus Ihren Fehlern lernen

Fußball ist doch ein Abbild des wahren Lebens, das gilt insbesondere
beim Kampf um den Klassenerhalt. Im Leben gibt es schlechte
Tage, im Fußball gibt es auch ständig Unwägbarkeiten, von
Fehlern bis hin zur unglücklichen Niederlage. Man muss ständig
mit Problemen kämpfen. Wir können jetzt zeigen, wie man mit
einer Leidenszeit umgeht und sich aus dieser Lage befreit. [276]

[Jürgen Klopp]

---

[275] Vettel, Sebastian: Tagebuch auf www.sebastianvettel.de, Eintrag Mittwoch 23. März 2011

[276] Feldner, Claus: Jürgen Klopp - Kleine Geschichte eines außergewöhnlichen Fußballtrainers, S. 85

- Entwickeln Sie ein neues Verhältnis zu Ihren Fehlern.
- Fehler und Schwachstellen bieten die Chance, sich weiterzuentwickeln.
- Machen Sie deshalb nach jedem Fehler eine sachliche Bestandsaufnahme.
- Suchen Sie anschließend nach neuen Lösungsmöglichkeiten. Wo müssen Sie Trainingsschwerpunkte setzen?
- Schluss mit der Opferrolle!
- Übernehmen Sie die Eigenverantwortung. Nur Sie selbst sind für Ihren Erfolg verantwortlich.
- Bleiben Sie voller Eifer und Siegeswille am Ball.

> ... aus der üblen Niederlage den entscheidenden Biss bezogen, um uns konzentriert durchzusetzen und durchzufighten. Diese dumme Niederlage war für mich der Schlüssel für den sensationellen Rest.[277]
>
> **[Dirk Nowitzki**

Strategie V: Der Lerntrainingsplan
Wie Sie das Unternehmen Prüfung erfolgreich angehen

> Die Einteilung der Dinge in verschiedene Schritte und Phasen ist mir auf dem Weg zu neuen Zielen und Herausforderungen sehr wichtig.[278]
>
> **[Britta Heidemann]**

- Sportler überlassen nichts dem Zufall. Alles wird geplant und organisiert.

---

[277] Höpfel. Jürgen und Frühwirth, Fabian: Einfach Er, S. 151
[278] Heidemann, Britta: Erfolg ist eine Frage der Haltung, S. 115

- ▶ Übernehmen Sie diese konsequente Planung auch für Ihre Zielerreichung.
- ▶ Halten Sie sich an Ihren persönlichen Lerntrainingsplan.
- ▶ Planen Sie jede Woche neu.
- ▶ Nehmen Sie sich 10 Minuten Zeit für Ihre Tagesplanung, bevor Sie loslegen.
- ▶ Lernen Sie niemals länger als eine halbe Stunde am Stück.
- ▶ Achten Sie auf eine sinnvolle Pausengestaltung. Pausen sind dazu da, Ressourcen aufzubauen.
- ▶ Achten Sie auch auf Ihre Körperhaltung, Ihre Mimik. Ihr Unterbewusstsein setzt diese Haltung in die Tat um.
- ▶ Sorgen Sie nun ganz besonders für Ihren Körper. Er muss während der Prüfungszeit Höchstleistungen erbringen. Achten Sie deshalb auf eine ausgewogene Ernährung, auf ausreichend Flüssigkeit und auf eine sinnvolle Bewegung.
- ▶ Spornen Sie sich immer wieder mit Ihren Mut- & Anfeuerungssätzen an.
- ▶ Visualisieren Sie Ihr Siegerbild.

... Pausen waren sehr wichtig für meine Vorbereitung. Ich trainiere nie gut, wenn ich nicht die richtige Menge an Nahrung oder nicht die richtige Menge an Schlaf hatte.[279]

[Michael Phelps]

---

[279] Phelps, Michael, with Cazeneuve, Brian: Beneath The Surface, S. 242

Strategie VI: Die Hindernisse
Wie Sie mit künftigen Problemen effektiv umgehen

Es ist ja noch ein halbes Jahr Zeit, eine Ewigkeit. Ich muss doch erst im Winter in Form sein. Erst dann wird es ernst, jetzt soll Eislaufen doch Spaß machen. Natürlich weiß ich, wenn ich ehrlich bin, dass ich mit dieser naiven Einstellung nicht weit komme. Man muss sich schon das ganze Jahr plagen, wenn man ganz nach oben will.[280]

[Katarina Witt]

▶ Lassen Sie Ihre Motivation nicht verpuffen.

▶ Machen Sie sich den Unterschied zwischen inneren und äußeren Hindernissen bewusst.

▶ Analysieren Sie mögliche innere und äußere Hindernisse, die auf Sie zukommen können.

▶ Innere Hindernisse, wie der „Innere Schweinehund" oder der „Innere Kampfhund"® mit ihren Unlustgedanken oder Selbstzweifeln, produzieren Sie selbst.

▶ Äußere Hindernisse, wie Erkrankungen, wichtige Termine, gesellschaftliche Verpflichtungen, kommen auf Sie zu.

▶ Hindernis-Handlungsplan: frühzeitig erkennen, aus dem Weg räumen oder umgehen.

▶ Handlungsplan innere Hindernisse: die Wichtigkeit des Lernens bewusstmachen und alle anderen Aufgaben hinterfragen. Selbstzweifeln mit STOPP! begegnen und stattdessen Ihr Ziel- und Siegerbild anwenden.

▶ Handlungsplan für äußere Hindernisse: Benutzen Sie Ihren Lerntrainingsplan und bauen Sie die unerwarteten Ereignisse mit ein.

▶ Jammern Sie nicht!

---

[280] Witt, Katarina: Zwischen Pflicht und Kür, S. 85

- Selbstdisziplin bekommt man, in dem man sich einfach dafür entscheidet.

- Arbeiten Sie bis zur Prüfung täglich mit Ihrem Trainingstagebuch: Erkennen Sie so den Rückfall in negative Verhaltensmuster. Stellen Sie außerdem fest, ob Sie nach ihrem Plan vorgehen und Zwischenziele erreichen.

- Visualisieren Sie immer wieder Ihr Siegerbild. Ein Sieger gibt nicht auf.

Wenn ich ehrlich mit mir selber bin, dann fühle ich mich stark genug, mich selbst aus Situationen zu entfernen, die mich nicht glücklich machen.[281]

[Venus Williams]

Strategie VII: Das Ziel
Wie Sie Ihre Prüfung erfolgreich bestehen

Alles eine Frage der Konzentration.[282]

[Vitali Klitschko]

- Lernen Sie am Tag vor der Prüfung nicht mehr. Bereiten Sie sich viel mehr mental auf die Prüfung vor. Entspannen Sie sich.

- Verbieten Sie sich jeglichen Gedanken an Misserfolg – STOPP!

- Sagen Sie sich konsequent Ihre Mut- & Anfeuerungssätze vor.

---

[281] Williams, Venus & Serena, with Beard, Hilary: Venus & Serena - Serving From The Hip, S. 6

[282] Klitschko Vitali u. Wladimir, mit Sellin, Fred: Unter Brüdern, S. 169

- Machen Sie sich klar, dass Sie gut gelernt haben. Das stärkt das Selbstbewusstsein.
- Frühstücken Sie unbedingt vor der Prüfung.
- Trinken Sie ausreichend.
- Begeben Sie sich rechtzeitig zum Prüfungsort.
- Gehen Sie ca. eine Viertelstunde vor Prüfungsbeginn vor den Prüfungsraum, damit Sie sich an die Atmosphäre gewöhnen können.
- Bleiben Sie nun konsequent in der Gegenwart.
- Wenden Sie die Panikatmung an oder bewegen Sie sich, damit die Stresshormone im Körper abgebaut werden.
- Lassen Sie sich nicht aus der Ruhe bringen. Sie sind ein Kämpfer und geben niemals auf.
- Konzentrieren Sie sich auf den Prüfer.
- Achten Sie auf Ihre Körperhaltung und Mimik.
- Sie bestehen die Prüfung!!!

> ... ich fühlte mich, als hätte ich gar keine andere Wahl, außer zu gewinnen. Ich hatte sehr hart trainiert, ich hatte gut gespielt und ich wusste, dass ich es verdient hatte.[283]

[Venus Williams]

---

[283] Williams, Venus & Serena, with Beard, Hilary: Venus & Serena - Serving From The Hip, S. 6

Aufgabe 16
Arbeitsbogen Nr. 14: Ihre Stand-punkte-Stressquellen

Werfen Sie zum Schluss noch einmal einen Blick auf den Arbeitsbogen Nr. 1 Bestandsaufnahme der eigenen Stressquellen auf Seite 207. Die Bodenpunkte-Stressquellen haben Sie ja bereits herausgestellt. Nun geht es um Ihre Standpunkte-Stressquellen. Mit Ihrem jetzigen Wissen können Sie einen Handlungsplan zur Beseitigung dieser Standpunkte-Stressquellen erstellen.

***

❗ Denken Sie daran:

Je mehr Sie ins Handeln kommen, desto weniger Stress haben Sie!

... vereinfache die Dinge und sie werden besser.[284]

[Kelly Slater]

---

[284] Slater, Kelly, with Jarrat, Phil: For The Love, S. 77

Entspannungstechniken: Welche passt am besten zu Ihnen?

... nur mit aufgeladenen Batterien kann man sich den Aufgaben des Lebens stellen.[285]

[Britta Heidemann]

Eigentlich benötigt der Mensch keine Entspannungsübungen! Wer regelmäßig schläft und auf eine sinnvolle Pausenregelung achtet, der wird sich täglich regenerieren und ruhig und ausgeglichen bleiben.

Zwischenzeitlich mache ich für gewöhnlich einen kurzen Mittagsschlaf.[286]

[Michael Phelps]

Leider trifft dies auf die wenigsten Menschen zu. Überforderung, Unterforderung, Hektik, Zeitnot, schlechte Ernährung, zu wenig Schlaf, keine Pausen und noch vieles mehr führen dazu, dass Sie immer mehr unter Dauerstress geraten. Die Folge: Sie fühlen sich schlecht, teilweise sogar krank.

In Zeiten großer Herausforderungen ist es deshalb besonders sinnvoll, eine Entspannungstechnik zur Hand zu haben. Wie diese Entspannungstechnik aussieht, ist nebensächlich. Wichtig ist nur, dass man diese Technik in den Tagesablauf einbaut!

---

[285] Heidemann, Britta: Erfolg ist eine Frage der Haltung, S. 48
[286] Phelps, Michael, with Abrahamson, Alan: No Limits - The Will To Succeed, S. 9

Wir tun alles, was wir können, damit es uns gut geht.[287]

[Serena & Venus Williams]

Entspannung bedeutet, dass dem Organismus die Möglichkeit geboten wird:

▶ einmal nicht abspeichern zu müssen,
▶ dem Alltag zu entfliehen,
▶ alle Sorgen beiseite schieben zu können,
▶ los zu lassen,
▶ ruhig zu schlafen,
▶ Kraft zu tanken!

Entspannung bedeutet, sich eine Weile auszuklinken aus der Welt und ihren Problemen.[288]

[Katarina Witt]

Wer sich regelmäßig, also täglich, entspannt, wird die Wirkung schon recht bald spüren. Hat sich das Unterbewusstsein an die Entspannungstechnik gewöhnt, wird es auch über die Entspannungsphase hinaus ruhiger und gelassener sein. Eine neue Schublade wird angelegt: Ich bin ganz ruhig und gelassen.

Von den Chinesen habe ich gelernt, dass der Geist nur auf einem hohen Niveau funktionieren kann, wenn sein Motor, der Körper, gut läuft. Elan, Freude, Zufriedenheit und Leistungsbereitschaft ergeben sich für die Seele nur, wenn Körper und Geist im Einklang sind.[289]

[Britta Heidemann]

Es ist eine persönliche Entscheidung, welche Entspannungstechnik Sie für sich wählen. Wichtig ist hierbei, dass Sie mit die-

---

[287] Williams, Venus & Serena, with Beard, Hilary: Venus & Serena - Serving From The Hip, S. 81

[288] Witt, Katarina: Gesund und Fit mit Kati Witt, S. 124

[289] Heidemann, Britta: Erfolg ist eine Frage der Haltung, S. 50

ser Technik wirklich entspannen können und die Übung Ihnen gefällt.

Die Entspannung vor dem Fernseher ist nicht wirksam. Das Unterbewusstsein kann hierbei nicht loslassen. Es muss weiterhin all die zahlreichen Informationen abspeichern. Zudem müssen die Inhalte verarbeitet werden und dies kann unter Umständen bedeuten, dass Sie sich dadurch noch schlechter fühlen – je nach dem, wie sehr Sie eine Sendung emotional berührt.

Einige Entspannungstechniken können Sie ganz einfach umsetzen. Sie benötigen dafür keine Kenntnisse. Trotzdem sind diese Techniken sehr wirksam.

Warmes Bad

Schaffen Sie sich eine angenehme Atmosphäre in Ihrem Badezimmer. Dämpfen Sie das Licht oder zünden Sie einige Kerzen an. Benutzen Sie aromatische Badezusätze, die den Entspannungseffekt noch erhöhen. Legen Sie sich genüsslich in die Wanne, schließen Sie Ihre Augen und genießen Sie die wohlige Wärme. Sagen Sie sich immer wieder: Ich bin ganz ruhig! Das warme Wasser bewirkt, dass Ihre Arterien und Muskeln entspannt werden. Das Blut zirkuliert gut in Ihrem Körper und regt den Kreislauf an. Bleiben Sie ca. 10 – 15 Minuten in der Wanne und gönnen Sie sich im Anschluss noch warm eingepackt eine halbe Stunde Ruhe. Sie werden spüren, welche Wunderwirkung ein solches Bad hat.

Sinneswanderung

Sehr entspannend wirkt auch eine kleine Sinneswanderung. Machen Sie hierfür einen Waldspaziergang. Achten Sie nun die ersten fünf Minuten darauf, was Sie alles sehen. Nehmen Sie alles wahr, was es im Wald zu beobachten gibt. Sie werden erstaunt sein, was Ihnen bisher entgangen ist. Nehmen Sie sich im Anschluss daran vor, die nächsten fünf Minuten auf alle Geräusche zu achten. Was können Sie alles hören? Ein Wald ist voller Geräusche! Eine ganz neue Welt wird sich Ihnen eröffnen. Zum Abschluss achten Sie nun auf alle Gerüche. Spüren Sie den feuchten Laubgeruch, den Duft der Pflanzen. Durch diese Sinneswanderung verlassen Sie sehr schnell Ihren Alltag. Ihr Fokus wird ganz gezielt auf neue Eindrücke gerichtet. Dadurch entsteht ein Loslassen des Alltags.

Bewegung an der frischen Luft

Auch Joggen, Fahrradfahren, Walken oder ein ausgedehnter Spaziergang, vielleicht mit dem Hund, kann entspannend wirken. Voraussetzung hierfür ist die innere Einstellung. Es geht dabei nicht um Leistung, sondern um Bewegung an der frischen Luft. Durch das Licht und den Sauerstoff werden Botenstoffe aktiviert, die für Ausgeglichenheit und gute Laune sorgen. Verwenden Sie während der sportlichen Aktivität Ihren Mut & Anfeuerungssatz. Passen Sie den Sprechrhythmus Ihrem sportlichen Rhythmus an.

Lauftraining am frühen Morgen war eine spezielle Methode von mir, sowohl meine Gedanken zu klären als auch meinen Körper fit zu halten.[290]

[Muhammad Ali]

---

[290] Ali, Muhammad/Durham, Richard: Der Größte, S. 132

Einige Entspannungstechniken bedürfen der Einführung. Manchmal reicht ein entsprechendes Buch oder eine CD, um diese Techniken anwenden zu können.

Entspannungs-CDs

Eine einfache Methode, um sich zu entspannen, sind die sogenannten Entspannungs- CDs. Es gibt eine Vielzahl solcher Tonträger. Hier ist besonders zu empfehlen die CD Begegnungen. Die CD ist Bestandteil eines wissenschaftlichen Forschungsprojektes. Sie wurde von Prof. Ilse Strempel und ihrem Team entwickelt. Durch die Musik werden binaurale Schwingungen in Ihrem Gehirn angeregt. Dadurch werden beide Gehirnhälften aktiviert. Die CD hat wissenschaftlich beweisbare positive Auswirkung auf Blutdruck, Augeninnendruck, Augendurchblutung, Pulsfrequenz, Muskelspannung und Hirnwellenmuster. Es kommt nachweislich zu einer Harmonisierung von Körper und Seele.

Muskelentspannung nach Jacobson

Die Muskelentspannung nach Jacobson, wird auch progressive Muskelentspannung oder progressive Muskelrelaxation (kurz PMR) genannt. Sie ist ein Verfahren, bei dem durch die bewusste An- und Entspannung bestimmter Muskelgruppen ein Zustand tiefer Entspannung des ganzen Körpers erreicht wird. Dabei werden nacheinander einzelne Muskelpartien zunächst angespannt. Diese Muskelspannung wird kurz gehalten und anschließend gelöst. Die Konzentration wird dabei auf den Wechsel zwischen Anspannung und Entspannung gerichtet und auf die Empfindungen, die mit diesen unterschiedlichen Zuständen einhergehen. Ziel des Verfahrens ist eine Senkung der Muskelspannung aufgrund einer verbesserten Körperwahrnehmung. Mit der Zeit lernen Sie, muskuläre Entspannung herbeizuführen, wann immer Sie dies möchten. Zudem können durch die Entspannung der Muskulatur auch andere Stresssymptome reduziert werden.

Autogenes Training

Das Autogene Training ist eine Entspannungstechnik, die von dem Berliner Psychiater Johann Heinrich Schultz zu Beginn des 20. Jahrhunderts entwickelt wurde. Sie beruht auf Selbstsuggestion. Heute ist das Autogene Training eine weit verbreitete und anerkannte Methode, um Stress zu behandeln. Diese Entspannungsmethode sollte in einem Kurs erlernt werden. Die Übungen bestehen aus kurzen Formeln, die sich der Übende konzentriert mehrere Male im Geiste vorsagt. Durch die systematische Beeinflussung des Unterbewusstseins wird ein langfristiger und dauerhafter Erfolg herbeigeführt.

Meditation

Die Meditation ist eine Methode, die gleichermaßen Körper und Geist stärkt und heilt. Sie kann von jedem Menschen mit Gewinn praktiziert werden. Es gibt eine Reihe von unterschiedlichen Meditationsmethoden. Im Allgemeinen bedeutet Meditation, die Konzentration auf ein Objekt zu richten – das sogenannte Meditationsobjekt. Die alltägliche Reizüberflutung wird dadurch ausgeschaltet und das Unterbewusstsein positiv beeinflusst. Auch hier ist es sinnvoll, die unterschiedlichen Meditationstechniken unter Anleitung zu erlernen.

> Hören Sie auf Ihren Körper und gönnen Sie sich eine mentale Rehabilitierungsphase. Dann kommt der nächste Motivationsschub wie von alleine.[291]
>
> **[Britta Heidemann]**

Yoga

Yoga bietet die Möglichkeit, Entspannung ganzheitlich zu erlernen. Körper- und Entspannungsübungen führen zu einem tiefen Entspannungseffekt. Die Yogaentspannung, auch Tiefenentspannung genannt, ist eine Kombination aus Elementen der Progressiven Muskelentspannung, des Autogenen Trainings, sowie positiver Sätze und einer anschließenden Ruhephase.

Die positiven Auswirkungen von Yoga:

- ▶ Abbau von Stresshormonen,
- ▶ Ausschüttung von Glückshormonen (Endorphine),
- ▶ Produktion bestimmter Botenstoffe im Gehirn,
- ▶ Entspannung der Arterienwände,
- ▶ Positive Beeinflussung von Bluthochdruck, Kopfschmerzen, Magenproblemen, Verdauungskrankheiten.

Um diese positiven Effekte zu erreichen, sollten Sie zuerst einen Yogakurs besuchen. Anschließend kann man die Yogaübungen hervorragend auch alleine zu Hause durchführen.

---

[291] Heidemann, Britta: Erfolg ist eine Frage der Haltung, S. 121

Yoga ist wirklich eine spannende Erfahrung. Weil es wirklich Entspannung pur bescheren kann. Weil Yoga als komplettes Körpertraining taugt.[292]

[Katarina Witt]

Atemübungen

Auch bestimmte Atemübungen führen zu einer guten Entspannung. Atmen ist für den Menschen ein lebensbegleitender und lebenswichtiger Vorgang. Viele Menschen sind sich ihrer Atmung überhaupt nicht bewusst. Sie atmen oberflächlich, ohne ihr gesamtes Lungenvolumen auszunutzen. Gewöhnen Sie sich allerdings ein bewusstes Atmen an, so haben Sie eine gute Möglichkeit, Ihren Körper zu steuern. Sie können ihn so ganz gezielt beruhigen. Denn wer ruhig atmet, kann nicht aufgeregt sein.

Und so wird's gemacht:

Bewusste Bauchatmung

▶ Sinnvoll ist es, sich die bewusste Bauchatmung anzugewöhnen. Zu diesem Zweck legen Sie sich ganz bequem hin. Legen Sie beide Handflächen auf Ihre Bauchdecke. Die Mittelfinger berühren sich leicht.

▶ Richten Sie nun Ihre Aufmerksamkeit nach innen, auf Ihren Körper. Schließen Sie die Augen und nehmen Sie Ihren Körper von innen heraus wahr: den Leib, den Rücken, die Arme, die Hände, die Beine, die Füße.

---

[292] Witt, Katarina: Gesund und Fit mit Kati Witt, S. 232

- Richten Sie nun die Aufmerksamkeit auf Ihren Atem. Beobachten Sie ganz bewusst das Ein- und Ausströmen Ihres Atems. Beim Einatmen hebt sich die Bauchdecke und beim Ausatmen senkt sie sich wieder. Die Mittelfinger gehen beim Einatmen auseinander und berühren sich wieder beim Ausatmen.

- Stellen Sie sich einen Ballon vor. Beim Einatmen bläht sich der Ballon weit auf, beim Ausatmen fällt er vollkommen in sich zusammen.

- Lassen Sie Ihren Atem ganz natürlich laufen. Achten Sie nur darauf, wie sich der Bauch beim Einatmen hebt und beim Ausatmen senkt. Gedanken, die Sie ablenken, ziehen langsam vorbei, wie die Wolken am Himmel. Immer wieder kehrt Ihre Aufmerksamkeit zu Ihrer Bauchdecke zurück. (ca. zwei Minuten)

- Nach dem nächsten Ausatmen richten Sie Ihre Aufmerksamkeit wieder nach außen. Ballen Sie Ihre Hände zu Fäusten und recken und strecken sich.

- Regelmäßiges Atmen macht Ihren Körper ruhig. Deshalb ist es wichtig, im Alltag immer wieder darauf zu achten, bewusst in den Bauchraum langsam einzuatmen. Gewöhnen Sie sich einen Zählrhythmus an. Langsam beim Einatmen bis vier zählen und anschließend wieder beim Ausatmen langsam bis vier zählen.

Stressatmung

- Atmen Sie einige Male tief ein und aus.

- Nach dem nächsten Einatmen pressen Sie die Luft mit einem lauten Ha aus den Lungenflügeln.

- Visualisieren Sie, wie dabei alle Ängste und Sorgen von Ihnen abfallen.

- Atmen Sie nun wieder tief ein und visualisieren Sie, wie Sie kraftspendende Energie in sich aufnehmen. Ihr Bauch wölbt sich dabei weit nach vorne. Die Energie strömt durch Ihren Körper.

- Lassen Sie nun wieder alle Luft mit einem kräftigen Ha aus dem Körper fließen.

- Wieder geben Sie alle Sorgen ab.

- Wiederholen Sie diese Atemübungen sechs mal.

Panikatmung

Die Panikatmung ist ein hervorragendes Mittel, um sich in akuten Stresssituationen ruhig werden zu lassen. Sie können sie vor jeder Herausforderung, vor unangenehmen Auseinandersetzungen, bei Lampenfieber, aber auch in akuten Panikattacken anwenden. Wiederholen Sie die Übung so lange, bis Sie eine deutliche Besserung spüren. Die Besserung erfolgt auf alle Fälle.

- Atmen Sie tief ein und aus. Wenn Sie ausgeatmet haben, halten Sie die Luft an und beginnen, langsam von eins bis zehn zu zählen.

- Atmen Sie nun wieder tief ein und aus.

- Wiederholen Sie diese Übung so lange, bis Sie spüren, dass die Panik nachlässt.

- Die Panik lässt deshalb nach, weil durch das Luft-Anhalten keine neue Energie zugeführt wird und deshalb auf die überschüssige Energie im Körper (Stresshormone) gegriffen werden muss.

- Wichtig ist hierbei, dass Sie die Luft nicht im eingeatmeten Zustand anhalten. Ansonsten drohen Kopfschmerzen.

Energieatmung

▶ Halten Sie beide Zeigefinger neben Ihre Nasenlöcher. Drücken Sie nun das rechte Nasenloch mit dem Finger zu und atmen Sie durch das linke Nasenloch tief ein.

▶ Verschließen Sie nun das linke Nasenloch und atmen Sie durch das rechte Nasenloch aus.

▶ Atmen Sie nun durch das rechte Nasenloch ein, in dem Sie das linke Nasenloch zu halten und durch das linke wieder ausatmen.

▶ Wiederholen Sie diese Atemübung zehn mal.

▶ Durch diese Atmung werden beide Gehirnhälften aktiviert.

Suchen Sie sich eine entsprechende Technik aus und wenden Sie sie regelmäßig an. Übernehmen Sie auch in diesem Bereich die volle Verantwortung für Ihr Handeln. Sie profitieren davon!

> Denn derjenige, der auf die Warnzeichen des Körpers hört, ist schneller auf den Beinen und kann viel effizienter arbeiten als derjenige, der sich halb fit in der Arbeit oder dem Training quält.[293]
>
> **[Britta Heidemann]**

> Jeden Tag treffen wir kleine Entscheidungen, die einen Standard für den Rest unseres Lebens setzen.[294]
>
> **[Muhammad Ali]**

---

[293] Heidemann, Britta: Erfolg ist eine Frage der Haltung, S. 49ff

[294] Ali, Muhammad/Ali, Hana Yasmeen: Mit dem Herzen eines Schmetterlings, S. 63

▌ Arbeitsbögen ▌

Arbeitsbogen Nr. 1: Bestandsaufnahme der eigenen Stressquellen

(Strategie: Die Erkenntnis – Seite 60)

Ihr Unterbewusstsein will Sie zu jeder Zeit vor möglichen Gefahren schützen. Immer, wenn es eine Gefahr wittert, gibt es Stressalarm. Dadurch werden all Ihre Kräfte mobilisiert, damit Sie sinnvoll mit der Gefahr umgehen können. Als gefährlich wird alles eingestuft, was Sie über- oder unterfordert, – also zu viele Infos, zu viel Lärm, zu viel oder zu wenig Essen, zu viele oder zu wenige Getränke, zu viel oder zu wenig Arbeit, zu viel oder zu wenig Druck.

Wo liegen Ihre Stressquellen?

Nehmen Sie sich viel Zeit für diese Bestandsaufnahme. Werfen Sie einen sachlichen, aber überaus kritischen Blick auf Ihr Leben! Je ehrlicher Sie mit sich selbst sind, umso leichter können Sie sich von Ihren alten Stressquellen lösen.

Stressquellen im Bereich Schule/ Ausbildung/ Studium:

Wo liegen Ihre Stressquellen? Listen Sie alles auf, was Sie ärgert oder unglücklich macht! (z. B. Mitschüler, Kommilitonen, Lehrer, räumliche Situation, An- und Abfahrt, Über- und Unterforderung usw.)

_____

_____

_____

_____

_____

Stressquellen im Bereich Familie/Freunde:

Wo liegen Ihre Stressquellen? Listen Sie alles auf, was Sie aufregt und wütend macht! (z. B. Partner, Eltern, Geschwister, Haustiere, häusliche Situation, Verpflichtungen usw.)

_____

_____

_____

_____

Stressquellen im Bereich Freizeit:

Wo liegen Ihre Stressquellen? Listen Sie alles auf, was Sie nervt und reizt (z. B. mangelnde Bewegung, fehlende Abwechslung, zu viele oder zu wenige Aktivitäten)

_____

_____

_____

_____

_____

_____

Wie sehen Ihre Stresssymptome aus?
Welche Beschwerden haben Sie?

_____

_____

_____

_____

_____

_____

Arbeitsbogen Nr. 2:
Ihre Bodenpunkte-Stressquellen

(Strategie: Die Erkenntnis – Seite 68)

Sie haben in Arbeitsbogen Nr. 1 alle Stressquellen aufgelistet. Gehen Sie nun sämtliche Stressquellen durch und überlegen Sie, an welchen Stressquellen Sie überhaupt nichts verändern können. Wo handelt es sich um feststehende Fakten? Wo können Sie weder handeln noch etwas beeinflussen?

Bei diesen Stressquellen handelt es sich um Bodenpunkte:

_____

_____

_____

_____

_____

Rufen Sie sich immer wieder in Erinnerung, dass Sie an diesen Stressquellen nichts verändern können. Es lohnt sich nicht, Ihre Energie an diese Bodenpunkte zu vergeuden. Seien Sie streng mit sich. Jammern hilft leider überhaupt nichts. Entwickeln Sie Ihren persönlichen Ehrgeiz und lassen Sie sich nicht von diesen Bodenpunkten von Ihrem Weg abbringen.

Arbeitsbogen Nr. 3:
Aufspüren des inneren Dialoges

(Strategie: Die Erkenntnis – Seite 77)

Bewerten Sie jedes Argument des „Inneren Schweinehundes" und „Inneren Kampfhundes"®

1 = Gibt es bei mir nicht!

6 = Kenn' ich nur zu gut!

Ihr „Innerer Schweinehund"

Zur Erinnerung: Ihr „Innerer Schweinehund" mag es gerne gemütlich. Er hasst Veränderungen und Anstrengungen. Er ist sehr stark lustorientiert.

	Gering					Stark
„Innere Schweinehund"-Argument	1	2	3	4	5	6
Ich habe doch noch Zeit!					X	
Ich habe keine Lust!		X				
Das geht doch gar nicht!	X					
Das ist viel zu schwierig!		X				
Das hat doch sowieso keinen Sinn!			X			
Ich müsste/ Ich könnte/ Ich sollte...					X	
Das ist doch nicht so wichtig!				X		
Andere tun es ja auch!						X
Bei mir war das schon immer so!					X	
Das habe ich noch nie (so) gemacht!			X			
Ich will/ werde versuchen...					X	
Lass morgen mit allem anfangen (aber wirklich)!					X	

	1	2	3	4	5	6
Ich bin einfach noch nicht in Stimmung!				X		
Nur noch kurz...						X
Ich muss kurz noch telefonieren/ E-Mails checken!					X	
Nur heute ausnahmsweise!					X	
Das bringt doch nichts!		X				
Was soll das Ganze?	X					

Ihr „Innerer Kampfhund"®

Zur Erinnerung: Ihr „Innerer Kampfhund"® nimmt alles sehr ernst und ist problemorientiert. Er verbeißt sich gerne in Probleme und gerät oft in Überaktionismus und starken Perfektionismus. Er ist niemals mit etwas zufrieden

„Innere Kampfhund"®-Argument	Gering					Stark
	1	2	3	4	5	6
Ich schaffe das nicht!					X	
Ich darf keine Fehler machen!						X
Pausen kann ich mir nicht erlauben!					X	
Was sollen die anderen denken?			X			
Ich habe mich noch nicht genügend vorbereitet!				X		
Was, wenn es schief geht?					X	
Der Tag ist viel zu kurz!					X	
Ich habe so viele Lücken!				X		
Das ist längst noch nicht gut genug!						X
Freizeit ist ein Fremdwort für mich!		X				

Ich habe bestimmt etwas übersehen!			X			
Mein Haushalt muss immer perfekt sein!		⊠			X	
Mein Aussehen muss perfekt sein!		X				
Ich will zu den Besten gehören!						X
Ein zweiter Platz zählt für mich nicht!						X
Ich muss mich überall sehr gut auskennen!					X	
Für Fehler habe ich kein Verständnis!					X	
Mich kann keiner leiden!	X					

Auswertung:

Schauen Sie nun auf die beiden oben stehenden Tabellen und zählen Sie Ihre Vierer, Fünfer und Sechser? Sie tendieren mehr zu der Gruppe, bei der Sie die meisten Vierer, Fünfer oder Sechser haben. In der Regel ist es so, dass die meisten Menschen weder reine „Innerer Schweinehund"- noch „Innerer Kampfhund"®-Typen sind. Doch wenn es darauf ankommt, überwiegen oft die hindernden Anteile. Kommen Sie sich selbst auf die Schliche und seien Sie streng mit sich.

Arbeitsbogen Nr. 4: Entstehung von Verhaltensmustern

(Strategie: Die Erkenntnis – Seite 80)

Erinnern Sie sich: Vereinfacht dargestellt funktioniert der Mensch immer nach dem gleichen Schema:

Situation → Bewertung → Emotion → Verhalten

Ordnen Sie nun Ihren Problembereich unter dem Feld Situation (z. B. Prüfungsangst oder Keine Lust zum Lernen) in die dargestellte Tabelle ein. Begeben Sie sich dazu ganz bewusst in die Situation hinein. Achten Sie auf Ihre Gedanken! Wie sieht Ihr innerer Dialog aus? Wie bewerten Sie die Situation? Notieren Sie alle Gedanken, Befürchtungen und Katastrophenideen. Dann gehen Sie in die nächste Spalte und schauen, wie Sie sich in dieser Situation fühlen? In einem letzten Schritt gucken Sie sich Ihr Verhalten an. Wie reagieren Sie psychisch und physisch?

Situation →	Bewertung →	Emotion →	Verhalten
Beispiel: Lernphase hat begonnen	Ich habe keine Lust anzufangen!	Schlechtes Gewissen	Gereizt, schlecht gelaunt
~~Angst zu versagen~~ Lernen für die Prüfung	Angst, zu versagen	Stress, Druck	schlaflose Nächte, keine klaren Gedanken
Nach 7 Monaten Verletzungspause wieder spielen	Angst, wieder verletzt zu sein / zu früh angefangen zu haben	Angst, Druck	Nervosität, immer in Gedanken an Verletzung

⏩ Merken Sie sich: Alles, was Sie denken, wird vom Unterbewusstsein in die Tat umgesetzt!

Denken Sie: „Das schaffe ich nie!", „Ich bin ein Versager!" oder „Ich habe keine Lust!" – so nimmt das Unterbewusstsein diese Sätze wörtlich und versucht, sie Realität werden zu lassen!!

Arbeitsbogen Nr. 5: Ihre persönlichen Mut- und Anfeuerungssätze

(Strategie: Die Erkenntnis – Seite 83)

Der Sportler verwendet Mut- und Anfeuerungssätze, damit sein Unterbewusstsein diese guten Sätze in die Tat umsetzt. So kann er sich optimal motivieren. Sie können ebenfalls solche gut funktionierenden Sätze für Ihre persönliche Motivation verwenden. Im folgenden Abschnitt finden Sie einige Mut- & Anfeuerungssätze, die Sie für sich nutzen können:

☐ Komm schon, mach es richtig!

☐ Alles ist möglich!

☐ Träume keine kleinen Träume!

☐ 100%! Niemals weniger!

☒ Zeig der Welt, was du drauf hast!

☐ Gib alles! Let's go!

☐ Komm, gewinn das Ding!

☒ Ich komme wieder zurück und zwar stärker als vorher!

☒ Keine Chance, dass ich aufgebe!

☒ Du hast nicht verloren, solange es nicht zu Ende ist!

- ☐ Beruhige deinen Geist!
- ☐ Da muss ich jetzt einfach durch. Ich kann es eh nicht ändern!
- ☒ Konzentrier dich, komm schon, weiter jetzt!
- ☐ Ich kann, ich will, ich schaffe das!
- ☐ Ich will es einfach unbedingt!
- ☐ Wird schon klappen!
- ☐ Ich lasse mich nicht von meinem Weg abbringen!
- ☒ Ich weiß, dass ich erfolgreich sein werde!
- ☐ Ich weiß: Ich habe alles Nötige getan!
- ☐ So isses' eben!
- ☐ Ich tu' mein Bestes, wenn es nicht reicht, kann ich auch nichts ändern!
- ☐ Für mich!
- ☐ Es ist kein Zuckerschlecken, es geht um die Wurst!
- ☐ Ich muss viel an mir arbeiten, und das tue ich auch!
- ☐ Kritiker spornen mich nur noch mehr an!
- ☐ Ich kann das Verhalten anderer Menschen nicht ändern. Aber ich kann meine Reaktion darauf ändern!
- ☐ Selbst auf der steilsten Straße kehre ich nicht um, sondern ich setze den Weg nach oben fort!
- ☐ Ich mache das Beste daraus!
- ☐ Ich muss nicht in allem perfekt sein, um meine Ziele zu erreichen!
- ☐ Ich weiß, dass ich auch im Stress Ruhe bewahren kann. Das fällt mir immer leichter!
- ☒ Ich glaube an mich!
- ☐ Alles, was ich mir vornehme und auf dessen Umsetzung ich hinarbeite, kann ich auch erreichen!
- ☐ Ich gehe meinen ganz eigenen Weg! Alle Ereignisse, die mir begegnen, haben den Sinn, den ich ihnen gebe!
- ☐ Du schaffst das schon!
- ☐ Tue es einfach, vertraue auf dich und gib dein Bestes!

- ☐ Ich bin wieder aufgestanden und stehe noch immer!
- ☐ Jetzt erst recht!
- ☐ Da muss ich durch und zwar ganz allein!
- ☐ Los, hol dich selber raus aus dem Sumpf und zeig, dass es kein Aufgeben gibt!
- ☐ Ich werde zurückkommen – sicher nicht schwächer, entweder gleich stark oder sogar stärker!
- ☒ Ich traue mir zu, jedes Problem mutig anzugehen und eine Lösung zu finden!
- ☐ Da musst du durch, wenn du wieder zurück willst!
- ☐ Jetzt geht's los!
- ☐ Jetzt gilt's!
- ☐ Jetzt musst du Gas geben!
- ☐ Ich schaffe es, egal was die anderen sagen!
- ☐ Das gewinne ich jetzt!
- ☐ Ich will, will, will den Sieg!
- ☐ Natürlich gebe ich immer mein Bestes!
- ☐ Ich bin der/die Größte! Ich bringe die Erde zum Beben!
- ☐ Ich habe mich gut vorbereitet!
- ☐ Ich mache alles so gut wie möglich!
- ☐ Ich bin mir meiner Sache sicher, weil ich weiß, was ich kann und dass ich viel gelernt habe!
- ☐ Wenn ich etwas mache, dann voller Inbrunst, mit totalem Einsatz!
- ☒ Ich bin ein Kämpfer!
- ☐ Ich bin ganz ruhig!
- ☐ Ich schaffe das!
- ☐ Ich bin stolz auf mich, weil ich mich nicht unterkriegen lasse!

Wenden Sie diese Sätze immer wieder an!
Je öfter Sie sich solche Sätze vorsagen,
umso wirksamer sind sie!

Arbeitsbogen Nr. 6: Ihre Verhaltensänderung

(Strategie: Die Erkenntnis – Seite 85)

Sie haben Ihre Mut- und Anfeuerungssätze ausgewählt. Ordnen Sie nun einen dieser Sätze in das Schema als neue Bewertung ein. Nehmen Sie die gleiche Situation wie im Arbeitsbogen 4.

Situation →	Bewertung →	Emotion →	Verhalten
lernen für die Prüfens	Du bist ein Kämpfer! Beiß dich durch! Du schaffst das!	Spaß am lernen, es fällt leichter	Freude, Selbst-vertrauen, Man kann alles schaffen

Was hat sich verändert?
Wie wirkt sich die Veränderung auf Ihr Verhalten aus?

Arbeitsbogen Nr. 7: Ihre Zielarbeit

(Strategie: Die Zielarbeit – Seite 104)

Nur wer sein Ziel kennt, weiß, wohin er gehen muss. Ziele spornen Sie an, fordern Sie gleichzeitig aber auch heraus. Ihr Gehirn ist eine zielorientierte Instanz. Egal, was Sie Ihrem Unterbewusstsein vorgeben, es wird diese Inhalte unermüdlich in die Tat umsetzen. Damit ein Ziel die Kraft des Unterbewusstseins aktivieren kann, muss es verständlich und nachprüfbar formuliert werden. Legen Sie deshalb Ihr Ziel in allen Einzelaspekten so genau wie möglich fest! Vage Ziele bringen vage Ergebnisse!

Was wollen Sie erreichen? Wie sieht Ihr Ziel aus?

Ich will die prüfung gut absolvieren und meinem chef zeigen, was ich kann!

Wie wichtig ist dieses Ziel für Sie?

Dieses Ziel steht an erster Stelle!

Welche Zwischenziele müssen Sie auf dem Weg zu Ihrem Ziel erreichen? (Beispiele für Zwischenziele: Sammeln aller Lernunterlagen, einzelne Fächer beherrschen, Literatur auswerten, weitere Infos sammeln usw.)

1. Schreibtisch aufräumen
2. Lernunterlagen zusammenstellen
3. Unwichtiges heraus filtern
4. alles beherrschen
5. Beglelen!

Welchen Preis müssen Sie für die Erreichung Ihres Zieles bezahlen?

Voller Einsatz, die Kraf und Energie Bündeln

Wie belohnen Sie sich, wenn Sie sich an Ihren Plan gehalten haben?

Stadion besuch

Wie belohnen Sie sich, wenn Sie Zwischenziele erledigt haben?

Einen Wein trinken

Wie belohnen Sie sich, wenn Sie Ihr großes Ziel erreicht haben?

Nach Lissabon fliegen! CC Finale

Wie wird es sein, wenn Sie Ihr Ziel erreicht haben? Visualisieren Sie Ihren Sieg mit allen Emotionen. Je intensiver Sie das Ziel vor sich sehen, umso wirksamer ist es für Ihren Erfolg.

Ich werde der glücklichste Mensch sein.
Die Chancen, übernommen zu werden,
werden steigen. Hammer!

Aus dieser Zielvisualisierung nehmen Sie sich ein besonderes Bild heraus, das Sie als sogenanntes Siegerbild abspeichern. Es ist Ihr Leitbild. Rufen Sie sich dieses Bild immer wieder in Erinnerung! Sie geben dadurch Ihrem Unterbewusstsein positive Impulse. Da es nicht zwischen Fantasie und Wirklichkeit unterscheiden kann, wertet es das Siegerbild als Tatsache.

Wie sieht Ihr Siegerbild aus?

Übernahme! Ich werde den neuen
Vertrag unterzeichnen.

Arbeitsbogen Nr. 8:
Ihr Erfolgsbewusstsein

(Strategie: Das Erfolgsbewusstsein – Seite 113)

Ein erfolgreicher Sportler muss an sich glauben, sonst wird der Erfolg ausbleiben. Gedanken an Schwäche, Versagen oder Misserfolg verbietet er sich aufs Strengste. Er benötigt ein starkes Selbstbewusstsein, um sein Ziel zu erreichen. Er kennt seine Stärken. Er lobt sich immer wieder, wenn ihm etwas gut gelingt. Auch Sie brauchen diesen Glauben an Ihren ganz persönlichen Erfolg, um gut durch die Schule, die Ausbildung, Ihr Studium oder Ihren Beruf zu kommen. Dabei muss Erfolg nicht gleichbedeutend mit Pokalen oder Medaillen sein. Die Definition für Erfolg ist immer individuell.

Wann waren Sie besonders stolz auf sich?
Was ist Ihnen sehr gut gelungen?

Denken Sie dabei an alle Situationen aus Ihrem bisherigen Leben, ganz gleich ob sie aus dem beruflichen, sportlichen oder sonstigem Bereich stammen.

Meisterschaft mit B-Jugend, im Fußballimmer alles gegeben, Führerschein, Lehrstelle bekommen,

Was haben Sie zu diesem Erfolg beigetragen? Wie haben Sie ihn vorbereitet?

Beim Fußball habe ich immer alles gegeben. Trainings weltmeister.

Welche Eigenschaften haben Sie für die Erreichung dieses Erfolges gezeigt?

Fleiß, Überzeugung, Selbstvertrauen, Ehrgeiz

Welche Eigenschaften benötigen Sie noch, um erneut erfolgreich zu sein?

Motivation, Fleiß, Ehrgeiz, Selbst. vertrauen, Selbstsicherheit

Arbeitsbogen Nr. 9:
Ihre Einstellung

(Strategie: Die Fehleranalyse – Seite 120)

Sie haben sich ein großes Ziel gesetzt – Sie wollen Ihre Prüfung erfolgreich bestehen! Die richtige Einstellung ist für diese Herausforderung ganz entscheidend. Überprüfen Sie deshalb zunächst einmal den Ist-Zustand Ihrer Zufriedenheit mit sich selbst und Ihrem Verhalten. Schauen Sie sich die folgende Zufriedenheitsskala von 1 (sehr zufrieden) bis 6 (sehr unzufrieden) an.

Auf welcher Stufe befinden Sie sich, wenn Sie an Ihren weiteren Weg denken. Markieren Sie jeweils Ihre Zufriedenheitsstufe.

Zufriedenheit Allgemein:

1	2	3 ✗	4	╲ 5	6
Sehr zufrieden	Zufrieden	Geht so	Eher unzufrieden	Unzufrieden	Sehr unzufrieden

Zufriedenheit Lernverhalten:

1	2	3	4	✗ 5	6
Sehr zufrieden	Zufrieden	Geht so	Eher unzufrieden	Unzufrieden	Sehr unzufrieden

Zufriedenheit Verhalten in der Prüfung:

1	2	3 X	4	5	6
Sehr zufrieden	Zufrieden	Geht so	Eher unzufrieden	Unzufrieden	Sehr unzufrieden

Zufriedenheit Freizeitverhalten:

1	2 X	3	4	5	6
Sehr zufrieden	Zufrieden	Geht so	Eher unzufrieden	Unzufrieden	Sehr unzufrieden

Sollten Sie sich überall auf der Stufe 1 oder 2 befinden, dann „Herzlichen Glückwunsch!"- Sie verfügen bereits über eine hervorragende Einstellung zu Ihrer Prüfung und Ihrer Vorbereitung!

Wenn Sie sich zwischen 3 und 6 in den verschiedenen Bereichen befinden, gilt es, Ihre Einstellung zu überprüfen. Denken Sie daran: Nur wenn Sie zufrieden sind, stellen sich Höchstleistungen ein.

Arbeitsbogen Nr. 10: Ihre Fehleranalyse

(Strategie: Die Fehleranalyse – Seite 129)

Selbstverständlich macht auch der erfolgreichste Sportler immer wieder einmal Fehler. Selbstverständlich hat auch er Schwachstellen, an denen er arbeiten muss.

Erlebte Niederlagen und gemachte Fehler sollen Sie nicht dazu bringen, dass Sie sich schlecht fühlen. Diese Fehler sollen Sie vielmehr darauf hinweisen, dass Sie Ihr Augenmerk besonders stark auf diese Bereiche richten. So können Sie einen Plan entwickeln und sich dann in diesen Bereichen verbessern.

Sie befinden sich in der Prüfungsvorbereitungszeit. Vielleicht haben Sie bereits schlechte Erfahrungen mit dem Lernen oder einer Prüfung gemacht. Werfen Sie deshalb nun ganz sachlich einen Blick auf die Vergangenheit. Listen Sie alles auf, was zu Ihren Niederlagen und Fehlern geführt hat. Gehen Sie wie ein Detektiv an die Sache heran. Je mehr Gründe Sie finden, umso besser werden Ihre Lösungsmöglichkeiten.

Wo liegen Ihre Schwächen

▶ in Bezug auf Ihr Lernverhalten:

Ich lerne zu wenig, bin schnell abgelenkt, unmotiviert

▶ in Bezug auf die Prüfung:

Mach mir Druck & Stress, Denke zu viel nach, bin mir unsicher

Was können Sie tun, damit diese Schwachbereiche verbessert werden?

Alles, was mich ablenkt: weg damit!

Voll konzentrieren: Tunnelblick

Welcher Mut- und Anfeuerungssatz kann Sie auf dem Weg zum Ziel motivieren?

Zeig es allen!

Du kannst das. Du wirst es schaffen!

Was verändert sich, wenn Sie nun systematisch an diesen Schwachbereichen arbeiten?

Freude entsteht, ich bin positiv und kann alles schaffen.

Arbeitsbogen Nr. 11: Ihr Lerntrainingsplan

(Strategie: Der Trainingsplan – Seite 146)

Auf diesem Arbeitsbogen finden Sie drei verschiedene Lerntrainingspläne. Diese Pläne richten sich nach der Lernzeit, die Ihnen zur Verfügung steht. Während Studenten für die Prüfungszeit oft der ganze Tag zum Lernen zur Verfügung steht, haben Schüler meistens nur einen halben Tag effektive Lernzeit. Bei Auszubildenden und Arbeitnehmern, die sich auf eine Prüfung vorbereiten müssen, sieht es wiederum ganz anders aus. Hier verbleibt nur noch der Nachmittag, um Lerninhalte zu verinnerlichen.

Suchen Sie sich den Lerntrainingsplan Ihrer Lernzeit entsprechend aus. Auf den ersten Blick mag Sie das Zeitmuster, welches in Ihrem Plan aufgelistet ist, erschrecken. Doch werden Sie schon nach kurzer Zeit den sinnvollen Nutzen dieser zeitgenauen Organisationsstruktur erkennen.

Hochleistungssportler arbeiten während ihres Trainings nach einem ähnlich strukturierten Plan. Auf eine zeitgenaue aktive Phase erfolgt eine festgelegte Entspannungsphase. Diese Zeiten wurden durch unzählige Tests herausgefunden und bewirken den bestmöglichen Trainingseffekt. Auch Ihr Lerntrainingsplan hat sich als die effektivste Vorgehensweise erwiesen

Vertrauen Sie also auf Ihren Lerntrainingsplan – er wird das Beste aus Ihnen herausholen:

▶ Ihre Konzentration bleibt innerhalb der halben Stunde bestehen.

▶ Überprüfbarkeit: Sie wissen, wo Sie stehen.

▶ Effektive Einteilung der Lerninhalte.

▶ Optimaler Wechsel zwischen aktivem Lernen und energiefördernder Pause.

▶ Motivationsförderung durch das exakte Wissen über den Anfang und das Ende des Lernens.

Im Sport steht der Trainer am Beckenrand, an der Spielfeldbegrenzung oder in der Fahrerbox. Er überwacht das Training des Sportlers akribisch und achtet darauf, dass alle Zeiten genau eingehalten werden. Der Sportler hinterfragt während des Trainings nicht sein Handeln. Er verlässt sich voll und ganz auf die Wirksamkeit des Trainingsplans und konzentriert sich so auf seinen Körper.

Sie haben keinen Trainer außer sich selbst. Wenn Sie sich, ebenso wie der Sportler, nur auf die Inhalte Ihres Lerntrainingsplans konzentrieren wollen, dann seien Sie streng mit sich selber. Achten Sie genau auf die Einhaltung der Zeiten. Am besten mit einer Stoppuhr. Wenn Sie sich einige Tage akribisch an die vorgeschriebenen Zeiten halten, wird Ihnen der Lerntrainingsplan zu eigen werden: Sie gewöhnen sich an die Zeiten. Ihre Konzentration bleibt durch die genauen Abschnitte und Pausen effizient. Vor allem sind Ihre Gedanken auf die Inhalte gerichtet.

🛈 Denken Sie daran:

Ihr Lerntrainingsplan hat einen Anfang und vor allem ein Ende. Seien Sie streng mit sich selber und ziehen Sie ihn durch. Ihre Mühen werden mit einem großen Erfolg belohnt.

Benutzung des Lerntrainingsplans:

▶ Suchen Sie sich einen passenden Lerntrainingsplan aus.

▶ Modellieren Sie ihn nach Ihren individuellen Zeiten. Lassen Sie aber das Grundmuster von Lern- & Pausenabschnitten bestehen.

▶ Halten Sie die Zeiten mit einer Stoppuhr ein.

▶ Halten Sie sich an sämtliche Anweisungen aus Strategie V.

▶ Denken Sie an Ihre körperliche Fitness.

▶ Führen Sie Ihre Entspannung durch.

▶ Der Samstagabend sowie der ganze Sonntag sind ein Ruheabschnitt. Hier beschäftigen Sie sich nicht mit Ihren Lerninhalten. Gönnen Sie sich etwas Schönes – Sie haben es verdient. Die freien Tage sind dazu da, Ihre Ressourcen für die nächste Hochleistungswoche aufzubauen.

Im Folgenden finden Sie drei Beispiele für Lerntrainingspläne. Selbstverständlich fehlen darin private Termine. Es wurde jeweils der Montag als Beispiel dargestellt. Je nach der Zeit, die Ihnen zur Verfügung steht, können Sie entweder immer einen Plan benutzen oder eine Kombination aus den drei Plänen erstellen.

1. Tages-Lerntrainingsplan:

Uhrzeit	Dauer	Montag
09.00 - 09.10	10 Minuten	Erstellung Tagesplan
09.10 - 09.40	**30 Minuten**	**1. Lerneinheit: Thema 1**
09.40 - 09.45	5 Minuten	Kleine Pause
09.45 - 10.15	**30 Minuten**	**2. Lerneinheit: Thema 1**
10.15 - 10.25	10 Minuten	Pause
10.25 - 10.55	**30 Minuten**	**3. Lerneinheit: Thema 1**
10.55 - 11.00	5 Minuten	Kleine Pause
11.00 - 11.30	**30 Minuten**	**4. Lerneinheit: Thema 1**
11.30 - 13.00	90 Minuten	Mittagspause
13.00 - 13.30	**30 Minuten**	**5. Lerneinheit: Thema 2**
13.30 - 13.35	5 Minuten	Kleine Pause
13.35 - 14.05	**30 Minuten**	**6. Lerneinheit: Thema 2**
14.05 - 14.15	10 Minuten	Pause
14.15 - 14.45	**30 Minuten**	**7. Lerneinheit: Thema 2**
14.45 - 14.50	5 Minuten	Kleine Pause
14.50 - 15.20	**30 Minuten**	**8. Lerneinheit: Thema 2**
Ab 15.20	Frei	Allgemeine Aufgaben & Entspannung

1. Halbtages-Lerntrainingsplan:

Uhrzeit	Dauer	Montag
14.50 - 15.00	10 Minuten	Organisation Unterlagen
15.00 - 15.30	**30 Minuten**	**1. Lerneinheit: Thema 1**
15.30 - 15.35	5 Minuten	Kleine Pause
15.35 - 16.05	**30 Minuten**	**2. Lerneinheit: Thema 1**
16.05 - 16.15	10 Minuten	Pause
16.15 - 16.45	**30 Minuten**	**3. Lerneinheit: Thema 1**
16.45 - 16.50	5 Minuten	Kleine Pause
16.50 - 17.20	**30 Minuten**	**4. Lerneinheit: Thema 1**
Ab 17.20	Frei	Allgemeine Aufgaben & Entspannung

1. Nachmittags-Lerntrainingsplan:

Uhrzeit	Dauer	Montag
17.00 - 18.00	60 Minuten	Pause
18.00 - 18.30	**30 Minuten**	**1. Lerneinheit: Thema 1**
18.30 - 18.35	5 Minuten	Kleine Pause
18.35 - 19.05	**30 Minuten**	**2. Lerneinheit: Thema 1**
19.05 - 19.15	10 Minuten	Pause
19.15 - 19.45	**30 Minuten**	**3. Lerneinheit: Thema 1**
Ab 19.45	Frei	Allgemeine Aufgaben & Entspannung

Beispiel für die Erstellung eines Wochenplans:

Nehmen Sie sich zu Beginn einer Woche zehn Minuten Zeit und planen Sie Ihre Woche. Tragen Sie zunächst alle Ihnen bekannten festen Termine ein.

Montag	Dienstag	Mittwoch	Donnerstag	Freitag	Samstag
		Feiertag			
	17h: Arzt		18h: Oma		
20h: Training		Kino	20h: Training	Party	DVD-Abend

In einem zweiten Schritt überlegen Sie sich, an welchen Tagen Sie wie viele Lerneinheiten (Abkürzung: LE) abhalten wollen.

Montag	Dienstag	Mittwoch	Donnerstag	Freitag	Samstag
		Feiertag			Ab 12 Uhr
3 LE	3 LE	8 LE	2 LE	4 LE	3 LE
	18h: Arzt		18h: Oma		
20h: Training		Kino	20h: Training	Party	DVD-Abend

Selbstdisziplin

Halten Sie sich mit äußerster Selbstdisziplin an Ihren Plan! Erlauben Sie sich nicht, in alte Verhaltensmuster zurück zu fallen.

Selbstdisziplin bedeutet,

▶ dass Sie ein Ziel stetig und eigenverantwortlich verfolgen!

▶ dass Sie bereit sind, dafür jegliche Anstrengung auf sich zu nehmen!

▶ dass Sie eigene Bedürfnisse deshalb zurückstellen!

▶ dass Sie Unlustgefühle unterdrücken und weiterkämpfen!

**Welcher Mut- & Anfeuerungssatz kann
Sie zur Selbstdisziplin anhalten?**

_____

_____

_____

Wie wollen Sie mit Ihren Unlustgefühlen umgehen?

_____

_____

_____

Mit was wollen Sie sich immer wieder motivieren?

_____

_____

_____

Arbeitsbogen Nr. 12: Ihre Hindernisse

(Strategie: Die Hindernisse – Seite 164)

Der Alltag holt Sie oft schneller ein, als Ihnen lieb ist. Die besten Vorsätze verpuffen, und Sie sind ganz schnell wieder im alten Verhaltensmuster. Deswegen ist es wichtig, dass Sie sich auf etwaige Hindernisse einstellen. Es gilt, Hindernisse frühzeitig zu erkennen, sie aus dem Weg zu räumen oder sie zu umgehen.

Stellen Sie sich deshalb nun einen Maßnahmenkatalog zusammen. Er soll Ihnen dabei helfen, voller Elan und, vor allem, voller Ausdauer an Ihrem Erfolg kontinuierlich zu arbeiten.

Wie könnten Ihre inneren (selbstproduzierten) Hindernisse aussehen?

_____

_____

_____

_____

Welche äußeren Hindernisse könnten auf Sie zukommen?

_____

_____

_____

_____

Woran erkennen Sie, dass Sie in Ihre alten Verhaltensmuster zurückgefallen sind?

Was können Sie dagegen tun?
Wie sieht Ihr Hindernis-Handlungsplan aus?

Womit spornen Sie sich immer wieder an?

Arbeitsbogen Nr. 13:
Ihr Trainingstagebuch

(Strategie: Die Hindernisse – Seite 167)

Besorgen Sie sich zunächst ein leeres Heft. In dieses Heft tragen Sie immer die Antworten auf die nachstehenden zehn Fragen ein. Die Beantwortung der Fragen soll dabei gar nicht lange dauern. Es geht darum, dass Sie Ihren Tag kurz in Bezug auf die *Bestanden wird im Kopf!*-Strategien reflektieren. Anhand der Antworten werden Sie schnell erkennen, wo es noch hakt oder Probleme gibt. Gerade zu Beginn, wenn Sie anfangen Ihr Trainingstagebuch zu führen, fallen die Antworten oft nicht zufriedenstellend aus. Doch schon nach kurzer Zeit werden Sie in Ihrem Tagesablauf bewusster darauf achten, die *Bestanden wird im Kopf!*-Strategien anzuwenden. Suchen Sie sich für die Beantwortung der Fragen am besten immer die gleiche Tageszeit aus.

Wenn Sie Ihr Trainingstagebuch täglich nutzen, werden Ihre Antworten auf die Fragen nach kurzer Zeit positiv ausfallen – sind die Antworten positiv, werden Sie Ihre Prüfung erfolgreich bestehen.

Ihr Trainingstagebuch wird Sie zu Ihrem Ziel führen – garantiert!

Ihr Trainingstagebuch:

1. Wie bin ich mit Bodenpunkten und Standpunkten umgegangen?
2. Habe ich meinen „Inneren Schweinehund" oder „Inneren Kampfhund"® an die Leine genommen? Wenn ja, wie?
3. Habe ich negativ gedacht? Wenn ja, was habe ich gedacht?
4. Habe ich mir diese negativen Gedanken mit einem STOPP verboten?
5. Welchen Mut- und Anfeuerungssatz habe ich statt des negativen Gedankens benutzt? Wie habe ich mich dann gefühlt?

6. Habe ich mein Siegerbild benutzt? Was hat es mir gebracht?
7. Welche meiner Erfolge habe ich mir bewusst gemacht? Wie habe ich mich danach gefühlt?
8. Was für Fehler habe ich gemacht und was habe ich aus diesen Fehlern gelernt?
9. Habe ich meinen Tag geplant? Welche Ziele und Teilziele habe ich erreicht?
10. Wie war mein Tag als Ganzes?

Arbeitsbogen Nr. 14: Ihre Standpunkt-Stressquellen

(Strategie: Das Ziel – Seite 194)

Schauen Sie auf Arbeitsbogen Nr. 1 *(Bestandsaufnahme der eigenen Stressquellen)* und erstellen Sie eine Liste mit Ihren Standpunkt-Stressquellen, bei denen Sie handeln oder beeinflussen können.

Bei diesen Stressquellen handelt es sich um Standpunkte:

_____

_____

_____

_____

_____

_____

Diese Standpunkt-Stressquellen werden durch Ihre negative Bewertung ausgelöst oder verstärkt. Bleiben Sie so neutral und sachlich wie möglich und stellen Sie sich folgende Fragen:

▶ Welche neue, bessere Bewertung können Sie treffen?

▶ Wen können Sie um Hilfe bitten?

▶ Welche Handlungsmöglichkeiten haben Sie?

Handlungsplan Standpunkt-Stressquellen:

Machen Sie einen ersten Handlungsplan. Sie werden schnell spüren, dass sich etwas verändert.

Standpunkt:_____

Neue Bewertung:_____

_____

Handlungsmöglichkeit(en):_____

_____

_____

_____

Standpunkt:_____

Neue Bewertung:_____

_____

Handlungsmöglichkeit(en):_____

_____

_____

_____

Standpunkt:_____

Neue Bewertung:_____

_____

Handlungsmöglichkeit(en):_____

_____

_____

_____

Standpunkt:_____

Neue Bewertung:_____

_____

Handlungsmöglichkeit(en):_____

_____

_____

_____

I Literaturverzeichnis I

Quellen

ALI, MUHAMMAD/ALI, HANA YASMEEN: *Mit dem Herzen eines Schmetterlings. Meine Gedanken zum Leben.* Bastei Lübbe Taschenbücher, Bergisch Gladbach 2006. ISBN 978-3-404-61603-9

ALI, MUHAMMAD/ALI, HANA YASMEEN: *More Than A Hero. Lebensweisheiten einer Legende.* Bastei Lübbe Taschenbücher, Bergisch Gladbach 2006.ISBN 978-3-404-66404-7

ALI, MUHAMMAD/DURHAM, RICHARD: *Der Größte. Meine Geschichte.* Droemer Knaurr, München/Zürich, 1977. ISBN 3-426-00490-9

HEIDEMANN, BRITTA: *Erfolg ist eine Frage der Haltung. Was Sie vom Fechten für das Leben gewinnen können.* Ariston Verlag 2011. ISBN 978-3-424-20061-4

KLITSCHKO, VITALI/ KLITSCHKO, WLADIMIR/ MIT SELLIN, FRED: *Unter Brüdern.* Random House Entertainment, München 2004. ISBN 3-8090-3025-2

FELDNER, CLAUS: *Jürgen Klopp: Kleine Geschichte eines außergewöhnlichen Fußball-Trainers.* Herkules Verlag, Kassel 2011. ISBN: 978-3941499584

NEVELING, ELMAR: *Jürgen Klopp – Echte Liebe.* Copress Verlag, München 2011. ISBN: 978-3-7679-1073-7

PHELPS, MICHAEL/WITH CAZENEUVE, BRIAN: *Beneath The Surface.* Sports Publishing Champaign 2008. ISBN: 978-159670-352-0

PHELPS, MICHAEL/WITH ABRAHAMSON ALAN: *No Limits – The Will To Succeed.* Simon & Schuster, London 2008. ISBN: 978-1-84739-638-9

Nowitzki, Dirk/Sartorius, Peter/Mölter, Joachim: *Nowitzki.* Rowohlt Taschenbuch Verlag, Hamburg, 2008. ISBN: 978-3-499-62305-9

Höpfl, Jürgen/Frühwirth, Fabian: *Einfach Er – Dirk Nowitzki. Aus Würzburg an die Weltspitze.* Main Post, Würzburg 2011. ISBN: 3-925232-73-7

Slater, Kelly/With Borte, Jason: *Pipe Dreams – A Surfer's Journey.* Harper Collins Publishers 2003, New York. ISBN: 0-06-009629-2

Slater, Kelly/With Jarratt, Phil: *For The Love.* Chronicle Books LLC, San Francisco, 2008. ISBN:978-0-8118-6222-6

Vettel, Sebastian: www.sebastianvettel.de, Tagebuch 2010-2012

Williams, Venus/Williams, Serena/With Beard, Hilary: *Venus & Serena – Serving From The Hip.* Houghton Mifflin Company, Boston 2005.ISBN: 978-0618-57653-1

Witt, Katarina: *Meine Jahre zwischen Pflicht und Kür.* Goldmann Verlag, München 1995. ISBN: 3-442-12631-2

Witt, Katarina: *Gesund und fit mit Kati Witt.* Riva Verlag, München 2006. ISBN: 10 3-936994-22-6

Empfehlungen

Canfield, Jack/Switzer, Janet: *Kompass für die Seele*, Goldmann Verlag, München 2005. ISBN 978-3-442-16666-4

Carnegie, Dale: *Sorge dich nicht, lebe!* Fischer Taschenbuch Verlage, 13. Auflage, Frankfurt 2003. ISBN 978-3-596-50692-7

Chevalier, Brigitte: *Effektiver lernen. Mehr Textverständnis, bessere Arbeitsorganisation, Prüfungen erfolgreich bestehen.* Eichborn Verlag, Nachdruck, Frankfurt/Main 2002. ISBN 978-3-8218-1566-4

CSIKSZENTMIHALYI, MIHALY: *Flow. Das Geheimnis des Glücks.* Verlag Klett-Cotta, 13. Auflage, Stuttgart 2007. ISBN 978-3-608-95783-9

EBERSPÄCHER, HANS: *Mentales Training. Das Handbuch für Trainer und Sportler.* Copress Sport Verlag, 7. Auflage, München 2007. ISBN 978-3-7679-0899-4

KALUZA, GERT: *Stressbewältigung. Trainingsmanual zur psychologischen Gesundheitsförderung.* Springer-Verlag, 3. Auflage/Nachdruck, Berlin – Heidelberg – New York 2004. ISBN 978-3-540-00868-2

METZIG, WERNER/SCHUSTER, MARTIN: *Lernen zu lernen. Lernstrategien wirkungsvoll einsetzen.* Springer-Verlag, 6. Auflage, Berlin – Heidelberg – New York 2003.

MÜNCHHAUSEN, MARCO VON: *So zähmen Sie Ihren inneren Schweinehund.* Campus Verlag, 5. Auflage, Frankfurt/Main 2002. ISBN 978-3-593-36922-8

MURPHY, JOSEPH: *Die Macht Ihres Unterbewusstseins.* Ariston Verlag, überarbeitete Neuausgabe, München 2006. ISBN 978-3-7205-2698-2

MURPHY, SHANE: *Die Kunst , erfolgreich zu sein. Acht Schritte zur persönlichen Bestleistung. dtv, München 2000.* ISBN 978-3-423-36195-8

TRACY, BRIAN: *Ziele setzen, verfolgen und erreichen.* Campus Verlag, Frankfurt/Main 2004. ISBN 3-593-37409-9